ROMEU E JULIETA

ROMEU E JULIETA

WILLIAM SHAKESPEARE

TRADUÇÃO E INTRODUÇÃO
Barbara Heliodora

EDITORA
NOVA
FRONTEIRA

Título original: *Romeo and Juliet*

Editora Nova Fronteira Participações S.A.
Rua Candelária, 60 — 7.º andar — Centro — 20091-020
Rio de Janeiro — RJ — Brasil
Tel.: (21) 3882-8200

Dados Internacionais de Catalogação na Publicação (CIP)

S527r Shakespeare, William

Romeu e Julieta/ William Shakespeare; tradução e introdução por Barbara Heliodora. [Edição especial] – Rio de Janeiro: Nova Fronteira, 2022.

120 p.; 12,5 x 18 cm (Clássicos para Todos)

Título original: *Romeo and Juliet*

ISBN: 978-65-5640-566-7

1.Teatro inglês. I. Título.

CDD: 882
CDU: 82-2

André Queiroz – CRB-4/2242

Conheça outros livros da editora:

Sumário

Introdução

Prova confiável de uma peça elisabetana na época de sua primeira montagem é a publicação de uma edição "pirateada", sem autorização dos donos do texto. O conceito de *copyright* tal como o conhecemos não existia, e, ainda hoje, discute-se se os direitos de publicação ficavam com quem registrava seu pedido no *Stationers' Register* ou com quem imprimia primeiro. Como tampouco eram definidos os direitos de montagem, as companhias, que compravam o texto do autor, via de regra, não os queriam ver impressos, para que outras, menores, se apropriassem deles para excursionar pelo interior. *Romeu e Julieta* teve uma primeira edição péssima (um dos notórios *bad quartos*) em 1597, com texto reconstituído de memória por um ou dois atores que haviam trabalhado, ao que parece, em uma montagem bastante cortada.

Como frequentemente acontecia em tais casos, uma segunda edição, autorizada, aparece para provar que o que a companhia montava não era aquele monstrengo antes dado a público. Em 1599, portanto, aparece o Q2,* que além de correto contém mais setecentos versos do que o Q1, baseado provavelmente no manuscrito de Shakespeare. Os especialistas identificam a probabilidade da origem por hábitos do poeta, como o de escrever, na rubrica, "Entra Will Kempe", o ator que faria o papel, em lugar de escrever "Entra Pedro", que é o criado da Ama.

Apesar de pirateado e apesar dos erros, o Q1 tem grande importância por trazer considerável contribuição à questão da data da peça. Diz a página de rosto: "A tragédia de excelentes conceitos *Romeu e Julieta*, como tem sido muitas vezes (e com grande aplauso) montada publicamente pelos 'Criados do Muito Honorável Lorde Hunsdon'." Acontece que os dois lordes Hunsdon, pai e filho, primos da rainha, ocuparam o cargo de Lorde Chamberlain, nome pelo qual é geralmente conhecida a companhia de Shakespeare, e

---

* Segunda edição *in-quarto*. Q1, primeira edição.

que foi só entre julho de 1596 e março de 1597 — ou seja, entre a morte do primeiro e a nomeação do segundo — que o grupo foi conhecido apenas como "Os Homens do Lorde Hunsdon". Há uma forte corrente, no entanto, que acredita que *Romeu e Julieta* seja de 1595, data do início de seu período lírico, sendo as duas possibilidades bem próximas.

O gênio de Shakespeare se revela de modo particularmente claro no uso que ele faz de sua fonte virtualmente única, o poema que o medíocre poeta Arthur Brooke afirma ter sido primeiramente escrito em italiano por Bandello, *The Tragic History of Romeu and Juliet*. As sementes da trama de *Romeu e Julieta* são remotas: no século III, em uma historieta grega, pela primeira vez uma mulher recorre à poção que simula a morte para escapar a um segundo casamento com o marido vivo, mas o tema se torna realmente popular na Renascença; em 1476, em *Il Novellino*, de Masuccio, o veneno já é ministrado por um frade. Mas é na *Historia novellamente ritrovata di due nobili amanti*, de Luigi da Porto, publicada em 1530, que a história se apresenta com considerável semelhança à de Shakespeare: os amantes são nobres, a Cena é em Verona, as famílias são Montecchi e Cappulletti. A diferença é que Julieta se apaixona primeiro e é bastante oferecida; mas o desenvolvimento é semelhante. Adrien Sevin faz uma adaptação francesa em 1542, Luigi Groto publica uma peça em 1578. Mas a linha que resulta em Brooke e Shakespeare é a da história de *Romeu e Julieta* em *Leo Novelle del Bandello* (1554), cuja intenção era a de "advertir os jovens que eles devem governar seus desejos e não cair em paixões furiosas", traduzida para o francês por Boaistuau; a história vai adquirindo riqueza cada vez maior de detalhes, mas a versão que nos interessa é a de Brooke.

O longo poema inglês (3.020 versos), publicado em 1562, alcançou enorme popularidade (como o prova ter tido em pouco tempo mais duas edições, em 1582 e 1587), e ofereceu a Shakespeare não só toda a trama de sua tragédia, como fartíssimas informações sobre a Itália, Verona, hábitos sociais e mil outros detalhes úteis para a criação da peça. As diferenças são a de visão autoral e de objetivos.

O texto de Brooke é precedido, em sua primeira edição, por um "Address to the Reader" que expressa os sentimentos e as intenções do poeta ao elaborar o seu *Romeo and Juliet*. Depois de um complexo início onde discorre sobre a obrigação que tem o homem de louvar a Deus por tudo o que criou, ele fala mais especificamente de sua história e diz: "O glorioso triunfo do homem que se contém quanto aos prazeres da luxúria da carne, encoraja os homens a evitar as afeições loucas, os finais vergonhosos e desgraçados daqueles que escravizaram sua liberdade aos desejos sórdidos, e ensina o homem a abster-se de cair de cabeça na perdição da desonestidade. Com o mesmo efeito, por vias diversas, o exemplo do homem bom chama os homens a serem bons, e a maldade do homem mau adverte os homens a não serem maus. Para tal bom fim servem todos os maus começos. E para tal fim (bom leitor) é escrita esta matéria trágica, para descrever para ti um casal de amantes infelizes, que foi escravizado pelo desejo desonesto, desrespeitando a autoridade e o conselho de pais e amigos, constituindo seus principais conselheiros alcoviteiras bêbadas e frades supersticiosos (os instrumentos próprios da falta de castidade), que experimentam todas as aventuras do perigo para atingir sua desejada luxúria, usando a confissão auricular (chave para toda prostituição e traição) para propiciar seus objetivos, e desrespeitando o honrado nome do casamento legal para acobertar a vergonha dos encontros roubados, finalmente, por todos os meios da vida desonesta, apressando a mais infeliz das mortes." Como Shakespeare, antes do início da ação Brooke inclui um soneto de apresentação (petrarquiano de forma, não um *catorzain* como o de Shakespeare) que apenas descreve a ação em detalhe, afirmando inclusive que o jovem casal ficou casado e se encontrando escondido por nada menos que três meses antes do episódio da morte de Teobaldo e do exílio de Romeu.

A transformação que Shakespeare opera ao compor sua tragédia é tão mais notável por não implicar qualquer maior alteração para a trama — a Ama fica mais cômica, o personagem de Mercúcio é criação sua, mas a história é rigorosamente a mesma. A diferença está no ponto de vista autoral, na postura de Shakespeare em relação aos seus protagonistas. Em lugar da moralizante condenação da juventude por não obedecer a seus pais e por ouvir alcoviteiras e frades, a ênfase da tragédia shakespeariana vai para o conflito entre as duas famílias, que perturba a ordem da comunidade, como fica bem claro desde o soneto introdutório: as duas casas põem "guerra civil em mão sangrenta", e o par de amantes "com sua morte enterra a luta de antes". Os amantes nascem "como má estrela", porém a ação mostra muito claramente que essa má estrela é o ódio entre Capuletos e Montéquios, e "A triste história desse amor marcado e de seus pais o ódio permanente, só com a morte dos filhos terminado" fala bem alto ao poeta que, ao longo de toda a sua carreira, dedicou sua mais profunda preocupação ao bem-estar da comunidade, produto da paz e do bom governo. *Romeu e Julieta*, a par de contar uma história de amor, é transformada também em magistral sermão contra os males da guerra civil.

O contraste entre a mediocridade de Brooke e a genialidade de Shakespeare fica evidente no uso que cada um dos dois faz exatamente da mesma trama; em lugar do míope moralismo do primeiro, o *Romeu e Julieta* do segundo transforma tudo em doloroso conflito entre o ódio e o amor, e os dois jovens amantes morrem não por desobedecerem a seus pais, mas por serem vítimas da sangrenta luta entre suas duas famílias, de um ódio cuja origem jamais é identificada. Nada tão magistral quanto a redução do tempo da ação a quatro dias, durante os quais a intensidade da emoção e a brevidade do tempo impedem que haja algum esclarecimento salvador. De certo modo, o amor é tão injustificado quanto o ódio, isto é, ele acontece em um instante, sem que nem Julieta nem Romeu o planejassem ou sequer esperassem: Romeu só vai à festa dos Capuletos na esperança de ver Rosalina, enquanto Julieta, quando a mãe lhe pergunta o que acha da possibilidade de um casamento, responde tranquilamente:

> *É honra com que nunca ousei pensar.*

e sua ingenuidade a respeito do amor é tão grande que, insistindo a senhora Capuleto sobre o assunto, diz sobre a possibilidade de amar Páris:

Porém mais longe eu nunca hei de ir.
Que o voo que a senhora consentir.

O amor, como sempre em Shakespeare, entra pelos olhos, e é claro que, uma vez apaixonada, não ocorre mais a Julieta indagar até que ponto deverá ir esse amor, ou se sua mãe dará permissão para ele. O amor amadurece em um instante a menina Julieta e, desde o primeiro momento, nem ela nem Romeu têm qualquer dúvida a respeito do seu amor, muito embora ambos tenham consciência do perigo que representa para eles o ódio familiar — consciência esta que sem dúvida serve para torná-los ainda mais precipitados em sua emoção.

Romeu e Julieta é a única tragédia lírica de Shakespeare, mas não podemos deixar de notar, por isso, a presença de vários elementos reveladores da influência de Sêneca, como o pressentimento de Romeu antes de entrar na festa:

A minha mente teme
Algo que, ainda preso nas estrelas,
Vai começar um dia malfadado
Com a festa dessa noite, e ver vencido
O termo desta vida miserável
Com a pena vil da morte inesperada.

ou como as mortes violentas de Mercúcio e Teobaldo, o clima assustador do monumento dos Capuletos, ou o peso do acaso e da fatalidade. Quanto ao acaso, no entanto, é preciso lembrar como o atraso do frade com a carta, por causa da peste, seria plausível para a plateia elisabetana, já que a peste continuava endêmica e fazia ainda pouco (entre 1592 e 1594) mantivera os teatros de Londres fechados por quase dois anos.

Essa violência, no entanto, é banhada no lirismo do diálogo, e o clima especial da obra, do fulgurante amor entre os dois jovens, transparece na imensa quantidade de imagens de luz, luz contrastada com o escuro que não é amor. O rosto de Julieta vai ensinar as tochas a brilhar; se seus olhos brilhassem no lugar de estrelas, os pássaros cantariam como ao dia; Romeu é a luz para ela, e quando morrer ele deve ser retalhado em estrelas. O amor e a juventude são luz; a tristeza e a dor são sombrias, são o sol que se põe ou que não quer nascer. Há a imagem do brilho do sol, das estrelas, de luar, velas, tochas, da rapidez da luz do raio; há a imagem da escuridão que chega, de nuvens, sombra, noite. Mas é tudo muito complexo, porque os grandes momentos de felicidade (o encontro, a Cena do balcão, a despedida) vêm na noite — e, naturalmente, a iluminam, enquanto os conflitos, mortes e o banimento dão-se de dia. O sol claro parece ser a luz do ódio, não do amor.

Já disse um crítico que *Romeu e Julieta* pertence a um período no qual Shakespeare ainda "não deixava nada sem ser dito", e, realmente, as tragédias da maturidade são mais elípticas em sua linguagem; Shakespeare aqui ainda usa muita rima, o que o leva a elaborar um soneto para marcar o primeiro diálogo dos jovens. E é memorável o que o poeta faz para mostrar o quanto Romeu muda ao conhecer Julieta: há todo um exagero de ornato em suas falas quando ele se tem como apaixonado por Rosalina e, na verdade, ele quase que só fala de si mesmo; mas a partir do baile seu discurso se altera, Romeu se concentra em Julieta e fica bem mais objetivo; compreensivelmente, na Cena do banimento ele tem uma recaída de descontrole verbal, mas no final, novamente é dela que ele fala.

Afora os dois protagonistas, muito bem desenhados, *Romeu e Julieta* tem ainda outras figuras marcantes: como irretocável preparação para a poção cataléptica que Julieta irá tomar, Frei Lourenço é apresentado como competente herbalista, profundo conhecedor dos segredos da natureza, bem como perspicaz e compreensivo observador de comportamentos humanos; a Ama é não só a criada antiga na casa que já abusa de sua intimidade, mas também exibe, desde o início, um despudor, uma tendência para o grosseiro, que explicam sua insensibilidade moral em relação ao proposto segundo casamento de Julieta. Menos detalhado, mas significativo, é Teobaldo, que deixa bem claro o fato de em cada geração aparecer ao menos um indivíduo cujo temperamento conduz à preservação do ódio entre as casas. E, naturalmente, Mercúcio: como Romeu e Julieta, ele representa alegria, juventude, amor e vida, e como os dois amantes, é sacrificado pelo ódio que maltrata a cidade; ele é brincalhão, ágil de corpo e pensamento, mostra-nos a alegre vida que Verona poderia ter sem a luta sangrenta e gratuita entre Montéquios e Capuletos. Páris, que não pertence a nenhum dos dois partidos, é discreto, mas os velhos chefes das duas famílias e suas mulheres, mesmo cansados da luta, acabavam envolvidos por ela. A contínua preocupação de Shakespeare com o bom governo faz com que a íntegra figura de Éscalus, o Príncipe, seja desde o início radicalmente contra o conflito, e ainda se lamente, no final, por não ter sido ainda mais enérgico.

Romeu e Julieta não é nem a melhor nem a mais consagrada das obras de Shakespeare, porém poucos contestarão que seja — e merecidamente — a mais amada.

Barbara Heliodora

Dramatis personae

ÉSCALUS, Príncipe de Verona.
MERCÚCIO, jovem fidalgo, parente do príncipe e amigo de Romeu.
PÁRIS, jovem fidalgo parente do príncipe.
PAJEM DE PÁRIS
MONTÉQUIO, chefe de família veronesa em luta contra os Capuletos.
SENHORA MONTÉQUIO
ROMEU, filho de Montéquio.
BENVÓLIO, sobrinho de Montéquio e amigo de Romeu e Mercúcio.
ABRAÃO, criado de Montéquio.
BALTASAR, criado de Romeu.
CAPULETO, chefe de família veronesa em luta com os Montéquios.
SENHORA CAPULETO
JULIETA, filha de Capuleto.
TEOBALDO, sobrinho da senhora Capuleto.
PRIMO DE CAPULETO, um senhor idoso.
AMA, criada dos Capuletos, ama de leite de Julieta.
PEDRO, criado dos Capuletos a serviço da Ama.
SANSÃO
GREGÓRIO
ANTÔNIO
CUCA
CRIADOS
} da casa dos Capuletos.
FREI LOURENÇO
FREI JOÃO
} da Ordem dos Franciscanos.
UM BOTICÁRIO, de Mântua.
TRÊS MÚSICOS (Simão Viola, Hugo Rabeca, João do Grito).
Integrantes da guarda, cidadãos de Verona, mascarados, pajens, portadores de tochas, criadagem.
CORO.

A CENA: A ação se passa em Verona e Mântua.

Prólogo

(*Entra o Coro.*)

Coro — Duas casas, iguais em seu valor,
Em Verona, que a nossa cena ostenta,
Brigam de novo, com velho rancor,
Pondo guerra civil em mão sangrenta.
Dos fatais ventres desses dois inimigos
Nasce, com má estrela, um par de amantes,
Cuja desventura e trágicos perigos
Os levam à noite enterrando a briga.
O fado hediondo desse amor condenado
E o ódio permanente de seus pais
Só com a morte dos filhos terminado,
Por duas horas em cena está presente.
Se tiverem paciência para ouvir-nos,
Nos esforçaremos para nada esquecermos. (*Sai.*)

Ato I
Cena I

(*Entram Sansão e Gregório, com espadas e escudos, da casa dos Capuletos.*)

Sansão — Gregório, desaforo não se engole.

Gregório — Senão teremos fama de gulosos.

Sansão — Mas saiba que, com raiva, eu puxo a espada.

Gregório — Depois a corda puxa o seu pescoço.

Sansão — Bato na hora, sendo provocado.

Gregório — Mas pra ser provocado leva horas.

Sansão — Por qualquer cão Montéquio eu salto logo.

Gregório — Saltar é desviar; o valente é firme portanto, se você desviar, está fugindo.

SANSÃO — Meu salto, para um cão desses, é pra firmar. Fico com as costas protegidas em frente a qualquer moço ou moça dos Montéquios.

GREGÓRIO — O que mostra que és safado e fraco, pois é o mais fraco que fica de costas para a suas moças para a parede.

SANSÃO — Isso é verdade, e é por isso que as mulheres, a parte fraca, acabam empurradas para a parede; então eu tiro a parede dos Montéquios, mas empurro suas moças para a parede.

GREGÓRIO — A briga é entre os nossos amos, e nós, que somos seus homens.

SANSÃO — Tanto faz. Vou bancar o tirano: depois de brigar com os homens, vou ser civil com as donzelas, cortando as suas cabeças.

GREGÓRIO — As cabeças das donzelas?

SANSÃO — Cabeças ou cabaços; dê o sentido que quiser.

GREGÓRIO — Elas terão de dar o sentido que sentirem.

SANSÃO — A mim elas vão sentir enquanto eu me aguentar ereto; e todos me conhecem como um bom pedaço de carne.

GREGÓRIO — Que não é peixe, todos sabem; se fosse, era comida de abstinência. Mas pode puxar a sua arma — lá vem o pessoal dos Montéquios.

(*Entram dois criados, Abraão e Baltasar.*)

SANSÃO — Minha arma já está de fora. Brigue que eu lhe cubro as costas.

GREGÓRIO — Como? Dá as costas e foge?

SANSÃO — Ora, não tenha medo.

GREGÓRIO — Nossa! Eu, com medo de você?

SANSÃO — Vamos ficar com a lei. Eles que comecem.

GREGÓRIO — Vou amarrar a cara quando passarem, e eles que entendam como quiserem.

SANSÃO — Ou como ousarem. Eu vou morder o dedão para eles, e será a maior vergonha se eles aturarem.

ABRAÃO Senhor, está mordendo o polegar para nós?
SANSÃO Estou mordendo o meu polegar, sim, senhor.
ABRAÃO Mas está mordendo para nós?
SANSÃO A lei fica do nosso lado se eu disser que sim?
GREGÓRIO Não.
SANSÃO Não, senhor; não mordo meu polegar para o senhor, mas mordo o meu polegar.
GREGÓRIO Está procurando briga, senhor?
ABRAÃO Briga, senhor? Não, senhor.
SANSÃO Quando estiver, estou à sua disposição. Sirvo homem tão bom quanto o que serve.
ABRAÃO Mas não melhor.
SANSÃO Bem, senhor...

(*Entra Benvólio.*)

GREGÓRIO Diga "melhor"; aí vem um parente do meu amo.
SANSÃO Sim, senhor; melhor.
ABRAÃO Mentiroso.
SANSÃO Saquem, se são homens. Gregório, lembre-se daquele golpe atravessado.

(*Lutam.*)

BENVÓLIO Parem, tolos, e guardem as espadas, pois nem sabem o que fazem.

(*Entra Teobaldo.*)

TEOBALDO De espada em punho pr'essas coelhinhas?
Aqui, Benvólio; e encare a sua morte.
BENVÓLIO Eu só busco a paz; guarde essa espada,
Ou use-a pra apartar esses rapazes.
TEOBALDO Falas de paz, armado? Odeio o termo,
Como a ti, ao inferno e aos Montéquios.
Tome, covarde.

(*Eles lutam.*)

(*Entram três ou quatro cidadãos, com porretes ou alabardas.*)

CIDADÃOS Com porretes e alabardas, ataquem!
Abaixo Capuletos e Montéquios!

(*Entram o velho Capuleto, com manto longo, e a senhora Capuleto.*)

CAPULETO O que foi? Deem-me aqui a minha espada!
SRA. CAP. Uma muleta! Mas pra que espada?

(*Entram o velho Montéquio e a senhora Montéquio.*)

CAPULETO A minha espada, que lá vem Montéquio
Brandindo a lâmina pra me insultar.
MONTÉQUIO Capuleto vilão! Deixem-me ir!
SRA. MON. Mais nem um passo em busca de inimigos.

(*Entra o Príncipe Éscalus com o seu séquito.*)

PRÍNCIPE Maus cidadãos, inimigos da paz,
Que profanais com aço o sangue irmão!
Não me ouvireis? Sois homens ou sois feras,
Já que apagais o fogo deste ódio
Com o jato que vai rubro de vós mesmos?
Sob pena de tortura ora arrancai
Das mãos sangrentas vossas armas vis,
E ouvi o vosso príncipe indignado.
Três lutas fratricidas, por palavras
Ditas por vós, Montéquio e Capuleto,
Três vezes perturbaram nossas ruas,
Fazendo os anciãos desta Verona
Pegar nas velhas mãos podres de paz
As velhas armas contra esse ódio podre.
Se uma vez mais as ruas agitardes,
As vossas vidas pagarão a paz.
Por hoje, que se afastem daqui todos!
Vós, Capuleto, podeis vir comigo;
E vós, Montéquio, vireis hoje à tarde
Até o tribunal de julgamento

Pra receber a solução do caso.
Que partam todos, pois a pena é morte!

(*Saem todos menos Montéquio, a senhora Montéquio e Benvólio.*)

MONTÉQUIO Quem reabriu a nossa luta antiga?
Fale, sobrinho; viu desde o começo?

BENVÓLIO Vários criados de seus inimigos
E dos seus já brigavam quando entrei.
Eu tentava apartá-los quando, então,
O fogoso Teobaldo, já armado,
Sacudiu a espada e me insultou,
Cortando o ar acima da cabeça,
Que, ileso, contentou-se em sibilar.
Em meio a nossos golpes e paradas
Foi chegando mais gente e, assim, mais briga,
Até que o príncipe veio apartar.

SRA. MON. Onde está Romeu? Já o viu hoje?
'Stou contente: ele não 'stava na briga.

BENVÓLIO Já bem antes que o Sol, minha senhora,
Olhasse na janela do oriente,
Estando inquieto, eu saí para andar,
E ali no bosque, sob os sicômoros
Que crescem à direita da cidade,
Assim tão cedo eu encontrei seu filho.
Quis chegar-me, porém ele fugiu,
Indo esconder-se bem em meio às árvores.
Julgando pelos meus os seus afetos,
Sempre buscados onde não se encontram,
Sentindo-me demais até sozinho,
Busquei meus sentimentos, não os dele.
E evitei, com alegria, quem fugia.

MONTÉQUIO Tem sido visto ali muitas manhãs,
Acrescendo ao orvalho suas lágrimas,
Nublando as nuvens com suspiros fundos;
Porém tão logo o sol, com alegria,

Afasta do oriente mais distante
O reposteiro do leito de Aurora,
Meu triste filho esconde-se da luz
E bem sozinho tranca-se em seu quarto,
Fecha as janelas afastando o dia,
Criando noite falsa para si.
O seu humor só pode piorar,
Se um bom conselho não o faz mudar.

BENVÓLIO Meu nobre tio, não conhece a causa?

MONTÉQUIO Não a conheço, e ele não diz nada.

BENVÓLIO O senhor já tentou todos os meios?

MONTÉQUIO Não só eu como inúmeros amigos.
Mas ele, conselheiro do que sente,
Fica só — e eu não sei se pra seu bem —
Tão secreto em si mesmo, tão fechado,
Tão fugidio e infenso à descoberta
Quanto o botão mordido pelo verme
Antes que possa abrir-se para o ar,
Ou dedicar ao Sol sua beleza.
Sabendo a causa desse seu penar,
Poderia saber como o curar.

(*Entra Romeu.*)

BENVÓLIO Aí vem ele. Cheguem para lá;
Não admito não saber o que há.

MONTÉQUIO Espero que sejas bem-sucedido.
Andemos, minha senhora; partamos.

(*Saem Montéquio e a senhora Montéquio.*)

BENVÓLIO Bom dia, primo.

ROMEU Inda é tão cedo?

BENVÓLIO São nove horas.

ROMEU Longas são as tristes horas...
Foi meu pai quem saiu, assim, depressa?

BENVÓLIO Foi. E o que alonga as horas de Romeu?

ROMEU A falta do que possa torná-las curtas.

BENVÓLIO Amor?
ROMEU Sua falta.
BENVÓLIO Do amor?
ROMEU Das graças da que tem o meu amor.
BENVÓLIO Pena que o amor, tão lindo na aparência,
Seja na verdade cruel e rude.
ROMEU É pena que o amor, de olhar velado,
Mesmo cego descubra o desejado.
Onde ceamos? Houve briga aqui?
Não me conte; essa história eu já conheço:
Trata muito de ódio, e mais de amor
Então, amor odiento, ódio amoroso,
Oh qualquer coisa que nasceu do nada!
Densa leveza, vaidade tão séria
Caos deformado de bela aparência!
Pluma de chumbo, fumaça brilhante,
Fogo frio, saúde doentia,
Sono desperto que nega o que é!
Esse amor sem amor é o que eu sinto.
Não se ri?
BENVÓLIO Ora, primo; eu quase choro.
ROMEU Por quê?
BENVÓLIO Por seu coração oprimido.
ROMEU A transgressão do amor é sempre assim.
Meu peito já carrega tanta dor,
Que o seu enxerto só a faz maior,
Levando a sua. A afeição que mostrou
Mais aumenta a tristeza que hoje eu sou.
O amor é fumo de um suspiro em chama
Que faz brilhar os olhos de quem ama;
Contrariado, é um mar feito de lágrimas;
E o que mais? Critério na loucura,
Trago de fel que preserva a doçura.
Meu primo, adeus.
BENVÓLIO Que é isso? Eu também vou.
Deixar-me aqui, assim, me machucou.

ROMEU — Estou perdido e nem estou aqui;
Quem é Romeu só vaga por aí.
BENVÓLIO — Bem triste, conte quem é seu amor?
ROMEU — Devo gemer, então, para contar?
BENVÓLIO — Gemer? Por quê? É só dizer quem é.
ROMEU — A um doente alguém pede testamento?
É termo que não vai com o sofrimento.
Na tristeza, primo, eu amo uma mulher.
BENVÓLIO — Mirei bem, ao julgá-lo apaixonado.
ROMEU — Tem boa pontaria, e ela é bela.
BENVÓLIO — Um belo alvo é fácil de alcançar.
ROMEU — Errou; ela não me deixa acertar
Com a flecha de Cupido, ela é Diana,
Armada fortemente em castidade,
Pra com Cupido ter impunidade.
Não cede ao cerco das palavras ternas,
Nem aos golpes do assalto dos olhares,
E nem ao ouro que seduz os santos.
É rica de beleza; sua indigência
'Stá em morrer sem deixar descendência.
BENVÓLIO — Jurou viver pra sempre casta e pura?
ROMEU — Jurou; e é desperdício uma tal jura;
Pois beleza com tal austeridade
Rouba beleza da posteridade.
Bela e sábia demais, por que seu fado
A faz feliz 'stando eu desesperado?
Abjurou o amor, e por fazê-lo,
É morto em vida quem vive a dizê-lo.
BENVÓLIO — Ouça o que digo: é melhor esquecê-la.
ROMEU — Então me ensine a como não pensar.
BENVÓLIO — Dando a seus olhos toda a liberdade,
Observe outras belezas.
ROMEU — Só se for
Pra remoer a sua, tão extrema.
As máscaras que beijam nossas damas,
Negras, sugerem ocultas belezas;

Quem ficou cego nunca mais esquece
Os tesouros perdidos com a visão.
Mostre-me alguma moça bonitinha;
De que serve o seu rosto senão para
Nele eu ler que há beleza bem maior?
Adeus, eu não aprendo a esquecer.

BENVÓLIO Pois eu hei de ensinar-lhe, ou então morrer.

(*Saem.*)

Cena II

(*Entram Capuleto, Páris e um Criado.*)

CAPULETO Montéquio 'stá tão preso quanto eu,
Por penas semelhantes, e não custa
A velhos como nós manter a paz.

PÁRIS Os senhores são ambos muito honrados
E é pena que essa luta dure tanto.
Mas o que diz, senhor, ao meu pedido?

CAPULETO O mesmo que já disse outra vez.
A minha filha não conhece o mundo,
Não completou sequer 14 anos.
Mais dois verões eu quero ver passar
Antes de achá-la pronta pr'o altar.

PÁRIS Outras, mais moças, já são mães agora.

CAPULETO E sofrem pela pressa dessa hora,
Na terra eu enterrei todos os outros:
Ela é tudo o que eu tenho aqui na terra.
Mas, bom Páris, procure conquistá-la,
Meu voto é parte da vontade dela;
E ela concorda que, ao decidir,
Tenha eu direito à voz pra permitir.
Hoje eu dou uma festa costumeira
Para a qual temos muitos convidados,

Dentre os que amo, em meio aos quais você
Mais um, bem-vindo, que aumenta a lista.
Em meu modesto lar hoje há de ver
Astros terrenos clareando o céu:
Tudo o que agrada a um saudável rapaz,
Quando abril já em festa vem atrás
Do inverno que se arrasta, tais valores
Você verá, entre as donzelas-flores,
Em minha casa. Olhe e ouça bem,
E escolha a que maior mérito tem;
Entre muitas, a minha comparece;
É uma, verifique o que merece.
Vem comigo.
(*Para o criado.*)
Pajem, vá, urgente,
Procurar em Verona toda a gente
Escrita aqui; e dê o meu recado
A cada um, que 'stá sendo esperado.

(*Saem Capuleto e Páris.*)

CRIADO — Procurar todos os que estão escritos aqui. Está escrito que o sapateiro só deve se meter com seu metro, o alfaiate com sua forma, o pescador com seu pincel e o pintor com sua rede, mas a mim mandam encontrar a gente que tem o nome escrito aqui, quando eu não sei descobrir que nomes a pessoa escrevinhadora escreveu aqui. Preciso encontrar um sábio. Bem na hora.

(*Entram Benvólio e Romeu.*)

BENVÓLIO — Ora, uma chama apaga outra chama,
Cada angústia reduz uma outra dor:
Alegre-se com a dor que hoje reclama,
O desespero cura a dor menor.

Pegue nova infecção no seu olhar,
Que o seu veneno a outra há de matar.

ROMEU — Folha de plátano é que é bom pra isso.

BENVÓLIO — Para o quê?

ROMEU — Pra canela fraturada.

BENVÓLIO — Está louco, Romeu?

ROMEU — Não louco, mas mais preso que um lunático:
Na cadeia, privado de alimento,
Surrado, e torturado e... Salve, homem.

CRIADO — Que Deus lhes dê bom-dia. Sabe ler?

ROMEU — Até o meu mau fado, na miséria.

CRIADO — Talvez tenha aprendido a ler sem livros. Mas, por favor, o senhor sabe ler qualquer coisa que veja?

ROMEU — Se conhecer as letras e a língua.

CRIADO — Resposta honesta. Passe muito bem.

ROMEU — Espere aí, rapaz. Eu sei ler. (*Lê a carta.*)
Signor Martino, sua mulher e filhas;
Conde Anselmo e suas belas manas;
A ilustre viúva de Utrúvio;
Signor Placentio e as lindas sobrinhas;
Mercúcio e seu irmão Valentino;
Meu tio Capuleto, mulher e filhas;
Minhas sobrinhas Rosalina e Lívia;
Signor Valêncio e seu primo Teobaldo;
Lúcio e a vivaz Helena.
Belo grupo; aonde devem ir?

CRIADO — Para cima.

ROMEU — Onde vão cear?

CRIADO — Em nossa casa.

ROMEU — Casa de quem?

CRIADO — Do meu amo.

ROMEU — Devia ter perguntado isso antes.

CRIADO — Eu conto sem o senhor perguntar. Meu amo é o rico Capuleto, e se o senhor não for da casa dos Montéquios, peço-lhe que venha entornar um copo de vinho. E passe muito bem. (*Sai.*)

BENVÓLIO Na festa da família Capuleto
Vai cear Rosalina, o seu amor,
Junto com outras belas de Verona.
Vá até lá, e com olhar isento
Olhe outros rostos; juro, sem rodeio —
Que farão de seu cisne um pato feio.

ROMEU No dia em que meus olhos devotados
Forem falsos, que o pranto queime em pira,
E que eles, tantas vezes afogados,
Agora hereges, queimem por mentira.
Mais bela que a que amo? O sol que brilha
Em outra jamais viu tal maravilha.

BENVÓLIO Ela é bonita em sua solidão,
Comparada a si mesma em sua visão;
Mas sendo por dois cristais pesada,
Sua dama com outra, apresentada
Brilhando nessa festa, hoje, por mim,
Não há de parecer tão linda assim.

ROMEU Eu irei, não pra ver tal expoente,
Mas pra, com a minha, ficar mais contente.

(*Saem.*)

Cena III

(*Entram a senhora Capuleto e a Ama.*)

SRA. CAP. Onde está minha filha? Chame-a, Ama.

AMA Por minha virgindade aos 12 anos,
Já a chamei. Querida! Carneirinho!
Deus me livre! Onde está? Cadê, Julieta!

(*Entra Julieta.*)

JULIETA Aqui estou; quem me chama?

AMA A sua mãe.

JULIETA Senhora, aqui estou; o que deseja?

SRA. CAP. É o seguinte; oh Ama, saia um pouco.
O assunto é secreto. Ama, volte!
Pensei melhor; preciso do seu conselho,
Conhece minha filha desde o berço.

AMA Eu sei até a hora em que nasceu.

SRA. CAP. Não fez 14 anos.

AMA Por 14
Destes meus dentes — que são quatro — eu juro
Que ela não fez 14. O quanto falta
Para um de agosto?

SRA. CAP. Mais uns vinte dias.

AMA Por mais ou menos, neste mesmo ano,
No dia primeiro, à noite, faz 14.
Susana e ela — Deus nos salve a todos —
Nasceram juntas. Susana 'stá com Deus.
Eu não a merecia. Como eu disse,
Em agosto ela faz 14 anos.
Isso mesmo, eu me lembro muito bem.
Faz 11 anos que tremeu a terra,
E ela desmamou — nunca me esqueço —
De todos os dias do ano, bem naquele.
Eu passei ervas amargas no meu peito
E sentei, bem ao Sol, junto ao pombal.
A senhora e o patrão — 'stavam em Mântua —
A cachola está boa. Mas, como eu disse,
Quando sentiu no seio as ervas amargas,
A pombinha achou ruim, achou amargo,
Fez cara feia e largou meu peito.
O pombal sacudiu! Nem precisei
Repetir a receita.
E desde então passaram-se 11 anos.
Juro por Deus que já ficava em pé,
Já andava e corria por aí,
Pois nesse dia bateu com a cabeça;
E então meu marido — Deus o tenha —

Ele era muito alegre — levantou-a,
Dizendo — "Mas se cai assim, de cara?
Quando souber das coisas, cai de costas,
Não é, Julinha?" E por tudo o que é santo,
A boba ficou quieta e disse "É."
Vejam só como os chistes aparecem!
Nem que viva mil anos, eu lhes juro,
Eu hei de me esquecer, "Não é, Julinha?"
E a boba, sem chorar, responder: "É."

SRA. CAP. Agora, chega. Por favor, silêncio.

AMA Sim, senhora, mas é mesmo de rir
Ela não chora, mais, e dizer: "É."
E eu garanto que, bem aqui na testa,
Tinha um inchaço que até parecia
Colhão de galo, e que doía muito.
E ele disse: "Cai assim, de cara?
Quando crescer só vai cair de costas,
Não é, Julinha?" E ela disse: "É."

JULIETA Pois hoje eu digo: "Ama, agora chega."

AMA Pronto, acabei. Que Deus a abençoe,
Nunca criei menina tão bonita.
Se viver pra ver seu casamento,
É o meu sonho.

SRA. CAP. Pois casamento é justamente o tema
Desta conversa. Diga-me aqui, Julieta,
Como se sente quanto ao casamento?

JULIETA É honra com que nunca ousei sonhar.

AMA Uma honra. Não fosse eu sua ama,
E diria que o juízo vem do peito.

SRA. CAP. Pois pense nele. Mocinhas mais jovens
Que você, na nobreza de Verona,
São hoje mães. Pelas minhas contas,
Eu era sua mãe, com a mesma idade
Que você tem de solteira. Enfim,
O nobre Páris quer o seu amor.

Ama Um homem, moça. Um homão, senhora,
Que no mundo... ele serve de modelo.
Sra. Cap. A fina flor do verão de Verona.
Ama Uma flor, mesmo; ele é uma flor.
Sra. Cap. Que diz? Será capaz de amá-lo?
Hoje à noite irá vê-lo em nossa festa.
Estude o livro do rosto de Páris,
Escrito pela pena da beleza.
Repare na harmonia das feições,
Pois cada uma embeleza a outra;
E se algo fica obscuro no volume,
As notas no olhar aclaram tudo.
Esse livro do amor, com as folhas soltas,
Pra perfeição precisa só de capa.
O peixe é pro mar. É erro eterno
A beleza ocultar o belo interno;
Visto por muitos, um livro tem glória,
Porque abraça o tesouro de uma história:
Compartilhando do que ele possui,
Ao tê-lo, você não se diminui.
Ama Aumenta, que a mulher cresce com o homem.
Sra. Cap. Diga: o amor de Páris lhe agrada?
Julieta Sim, se ao olhar sentir-me apaixonada.
Porém mais longe eu nunca hei de ir,
Que o voo que a senhora consentir.

(*Entra um criado.*)

Criado Senhora, os convidados chegaram, a ceia está servida, a senhora foi chamada, procuram a patroinha, na copa xingam a Ama, e tudo está uma loucura. Tenho de correr para servir, e imploro que venha logo. (*Sai.*)

Sra. Cap. Julieta, o conde aguarda, e com ardor.
Ama Com noite boa, o dia é bem melhor.

(*Saem.*)

Cena IV

(Entram Romeu, Mercúcio, Benvólio, com cinco ou seis outros mascarados e portadores de tochas.)

ROMEU Vamos usar a fala que ensaiamos?
Ou entramos sem desculpa?

BENVÓLIO Não 'stá na moda dizer muita coisa.
Não há Cupido aqui, de olhos velados,
Com arco oriental feito de ripas,
Como espantalho a assustar as moças;
Nem prólogo sem texto, atrapalhando,
A esperar o ponto, pra entrarmos.
Que eles nos meçam pelo que quiserem,
Nós dançamos um pouco e já sumimos.

ROMEU Eu não quero brincar; deem-me uma tocha;
Por estar tão sombrio, eu levo a luz.

MERCÚCIO Nada disso, Romeu; tem de dançar.

ROMEU Creia-me, eu não. Mas você tem sapatos
De alma leve, mas a minha alma é de chumbo.
Grudado ao chão, mal posso caminhar.

MERCÚCIO Mas amante pede asas a Cupido
Pra voar muito acima disso tudo.

ROMEU A sua flecha foi tão fundo em mim
Que não dá pr'eu voar com suas penas.
Não alcança mais alto que um suspiro,
'Stou me afogando ao peso desse amor.

MERCÚCIO Quando vai fundo, o amor é sempre um peso —
E sempre oprime algo de delicado.

ROMEU O amor é delicado? É antes bruto,
Rude demais, e espeta como um espinho.

MERCÚCIO Se é rude com você, faça-lhe o mesmo;
Se o furou, fure alguém que ele se aquieta.
Deem-me uma caixa pr'eu guardar meu rosto;
Uma cara por outra. O que me importa
Que curiosos vejam meus defeitos?
Aqui tenho uma face que corará.

BENVÓLIO Vamos bater e entrar; uma vez dentro,
Cada um fica entregue às próprias pernas.

ROMEU Quero uma tocha. Que corações leves
Usem seus calcanhares insensíveis.
Como um ditado velho já dizia —
Seguro a vela e fico só olhando.
É hora de pensar, 'stou acabando.

MERCÚCIO Bando é de rato, até segundo a lei.
Se virou rato, nós vamos puxá-lo
Pra fora desse charco que é o amor,
E onde está afundando. Vamos logo.

ROMEU Não é bem isso.

MERCÚCIO Eu quis dizer atraso.
Gastamos vela pr'acender o dia.
Vale a intenção, cujo siso tem sido
Cinco vezes maior que o de um sentido.

ROMEU Vamos à festa com boa intenção.
Mas não é muito certo.

MERCÚCIO E por que não?

ROMEU Eu hoje tive um sonho.

MERCÚCIO E eu também.

ROMEU Sonhou o quê?

MERCÚCIO Que os sonhos mentem bem.

ROMEU Para quem dorme, o sonho é de verdade.

MERCÚCIO Porque Mab, a rainha, o visitou.
É a parteira das fadas e aparece
Como uma ágata pequenininha
No dedo indicador de um conselheiro.
Puxada por um par de vermezinhos
A correr no nariz do adormecido.
Uma casca de noz lhe faz de carro,
Feito por um esquilo carpinteiro;
Que sempre foi carreteiro das fadas.
As varas são perninhas de uma aranha,
Asas de gafanhoto sua cobertura;
As rédeas vêm de teias pequeninas,

E a canga, de réstias de luar.
O seu chicote é um ossinho de grilo,
Que não é nem metade do bichinho
Que uma donzela tira do dedinho;
Assim cavalga ela pela noite
E, atravessando o cérebro do amante,
Faz nascer ali sonhos de amor;
Nos joelhos dos nobres, cortesias,
No dedo do advogado, grandes ganhos;
Os lábios das donzelas sonham beijos,
Mas Mab, zangada, faz nascerem bolhas
Nos que encontra borrados por bombons.
Se pesa no nariz de um cortesão,
Ela sonha com o cheiro de favores;
Às vezes passa o rabo de um leitão
Pelo nariz de um cura adormecido,
E o faz sonhar com mais uma prebenda.
Se passa no pescoço de um soldado,
Seu sonho é com a degola do inimigo,
Ou com assaltos, aço e emboscadas,
Ou mares de bebida; e, logo após,
Toca tambor no ouvido, e ele desperta
Assustado e, depois de uma oração,
Dorme de novo. É essa aquela Mab
Que embaraça a crina dos cavalos
E assa as carapinhas dos capetas
Que, penteadas, trazem grandes males.
É essa a velha que, se uma donzela
Adormece de costas, deita em cima
E a ensina a arcar com um peso vivo,
Pra aprender a pesar com outras cargas.
É ela...

ROMEU Agora, chega, paz, Mercúcio.
'Stá falando de nada.

MERCÚCIO Eu sei; de sonhos.
Filhos de cérebros desocupados,

Concebidos por fantasias vãs,
Cuja substância não é mais que ar;
Mais frágeis do que o vento, eles seduzem
Inda hoje o seio gélido do norte —
Mas, se irritados, bufam desde lá
E voltam-se pro sul, mais orvalhado.

BENVÓLIO Esse seu vento, nós é que sopramos:
A ceia está servida; já tardamos.

ROMEU É muito cedo. A minha mente teme
Algo que, ainda preso nas estrelas,
Vá começar um dia malfadado
Com a festa desta noite, e ver vencido
O termo desta vida miserável.
Com a pena vil da morte inesperada.
Que aquele que me guia em meu percurso
Me oriente agora. Vamos, cavalheiros.

BENVÓLIO Toquem, tambores.

Cena V

(*Eles marcham pelo palco e entram criados trazendo toalhas e guardanapos.*)

1º CRIADO Onde está o Cuca, que não nos ajuda a tirar a mesa? Transformou-se num comilão! Raspa as panelas!

2º CRIADO Quando as boas maneiras só dependem das mãos de um ou dois — e nem lavadas — as coisas andam mal.

1º CRIADO Afastem os banquinhos, tirem o guarda-louças e cuidado com a baixela. Por favor, guarde marzipã para mim, e, pelo meu bem, faça o porteiro deixar entrar a Susana e a Nélia. Antônio e Cuca!

3º CRIADO Estou pronto, rapaz.

1º CRIADO Estão te procurando, te chamando, te buscando e te fuçando, no salão.

4º CRIADO Não podemos ficar aqui e lá também. Alegria, pessoal! Apertem o passo agora, e que vença o melhor fígado!

(*Saem os criados.*)

(*Entram Capuleto, a senhora Capuleto, Julieta, Teobaldo, a Ama e todos os convidados e convidadas, que se encontram com os mascarados.*)

CAPULETO Bem-vindos, nobres, e damas com pés
Livres de calos pra dançar um pouco.
Ah, senhoras, qual de nós
Vai negar-se a dançar? Quem fizer fita
Eu digo que tem calos. Não 'stou certo?
Bem-vindos, cavalheiros. Foi-se o tempo
Em que usei máscara e tinha lábia
Pra murmurar no ouvido de uma dama
Muitos agrados. Já faz muito tempo!
Bem-vindos, cavalheiros! Toquem, músicos!
Espaço no salão! Moças, pra dança!
(*A música toca e eles dançam.*)
Mais luz, criados; desarmem as mesas;
'Stá muito quente, apaguem esse fogo.
É bom ter uma festa improvisada.
Sente, sente, meu primo Capuleto;
Você e eu já não dançamos mais.
Quanto tempo faz desde que nós dois
Usamos máscaras?

PRIMO CAP. Uns trinta anos.

CAPULETO Nem tanto, homem, não é tanto assim.
É desde o casamento de Lucêncio,
Que agora, quando for em Pentecostes,
Faz 25 anos. Foi então.

PRIMO CAP. Faz mais; o filho já tem mais que isso —
Está com trinta.

CAPULETO Não me diga; é mesmo?
Inda era menor há um par de anos.

ROMEU Quem é a moça que enfeita a mão
Daquele cavalheiro?

CRIADO Eu não conheço.

ROMEU Ela é que ensina as tochas a brilhar,
E no rosto da noite tem um ar
De joia rara em rosto de carvão.
É riqueza demais pro mundo vão.
Como entre corvos pomba alva e bela
Entre as amigas fica essa donzela.
Depois da dança, encontro o seu lugar,
Pra co'a mão dela a minha abençoar.
Já amei antes? Não, tenho certeza;
Pois nunca havia eu visto tal beleza.

TEOBALDO Só pela voz eu sei que é um Montéquio.
Rapaz, o meu punhal.
(*Sai Pajem.*)
Ousa esse escravo
Vir aqui, recoberto com essa máscara,
Pra fazer pouco desta nossa festa?
Por meu sangue, que corre sempre honrado,
Não creio ser matá-lo algum pecado.

CAPULETO Meu primo, por que grita? 'Stá em perigo?

TEOBALDO Aquele é um Montéquio, um inimigo.
Um vilão, que aqui veio com maldade
Pra debochar desta solenidade.

CAPULETO Não é Romeu?

TEOBALDO É; aquele vilão.

CAPULETO Fique mais calmo, primo, e deixe-o em paz.
Ele age qual perfeito cavalheiro;
Verona só o honra, na verdade,
Como alguém de virtude equilibrada.
Nem por toda a riqueza da cidade
Eu permito que o insulte em minha casa.
Portanto, paciência; esqueça dele.

É o meu desejo, e por respeito a mim
Seja cortês e desamarre a cara,
Pois tal semblante não convém à festa.

TEOBALDO Mas convém se um vilão está presente.
Não o aturo.

CAPULETO Pois vai aturá-lo.
Rapazinho abusado, eu 'stou mandando.
Sou eu ou é você o amo, aqui?
Vai criar caso com os meus convidados?
Bancar o galo? Ser o homem da casa?

TEOBALDO Mas é uma vergonha.

CAPULETO Agora, chega.
Anda muito atrevido. É uma vergonha?
Você inda me paga. Mas já sei!
Precisa me amolar! Está na hora...
Muito bem, meus amigos!... Sai, frangote,
Quieto, ou... Mais luz! Mais luz!... Ou eu garanto
Que eu o acalmo. Alegria, queridos!

TEOBALDO A minha paciência com seus gritos
Me treme a carne, de tantos conflitos.
Eu vou-me embora, mas essa invasão
Que ora adoça há de ter má conclusão... (*Sai.*)

ROMEU Se a minha mão profana esse sacrário,
Pagarei docemente o meu pecado:
Meus lábios, peregrinos temerários,
O expiarão com um beijo delicado.

JULIETA Bom peregrino, a mão que acusas tanto
Revela-me um respeito delicado;
Juntas, a mão do fiel e a mão do santo
Palma com palma se terão beijado.

ROMEU Os santos não têm lábios, mãos, sentidos?

JULIETA Ai, têm lábios apenas para a reza.

ROMEU Fiquem os lábios, com as mãos unidas;
Rezem também, que a fé não os despreza.

JULIETA Imóveis, eles ouvem os que choram.

ROMEU — Santa, que eu colha o que os meus ais imploram.
(*Ele a beija.*)
Seus lábios meus pecados já purgaram.

JULIETA — Ficou nos meus o que lhes foi tirado.

ROMEU — Dos meus lábios? Os seus é que os tentaram;
Quero-os de volta.
(*Beija-a.*)

JULIETA — É tudo decorado!

AMA — Senhora, sua mãe quer lhe falar.

ROMEU — Quem é a sua mãe?

AMA — Ora, rapaz,
Sua mãe é a dona aqui da casa,
Senhora boa, sábia e virtuosa.
Fui eu que amamentei essa filhinha.
E digo-lhe que aquele que a pegar
Fica rico.

ROMEU — Então ela é Capuleto?
Entreguei minha vida ao inimigo.

BENVÓLIO — Vamos, enquanto estamos no esplendor.

ROMEU — E a minha inquietação fica pior.

CAPULETO — Cavalheiros, não partam agora;
Vamos servir uma ceia modesta.
(*Alguém murmura ao seu ouvido.*)
É mesmo? Pois eu agradeço a todos.
Obrigado, senhores; boa noite.
Mais tochas! 'Stá na hora de deitar.
Palavra como está ficando tarde;
Vou descansar.

(*Saem Capuleto, a senhora Capuleto, os convidados, as convidadas e os mascarados.*)

JULIETA — Ama, conhece aquele cavalheiro?

AMA — Ele é filho e herdeiro de Tibério.

JULIETA — E aquele, que já vai passar na porta?

AMA — É o jovem Petrúquio, ao que parece.

JULIETA — E aquele, atrás, que não entrou na dança?

AMA — Não sei.

JULIETA — Vá perguntar seu nome. Se é casado,
Meu leito nupcial é minha tumba.

AMA — O seu nome é Romeu, e é um Montéquio.
Único filho do seu inimigo.

JULIETA — Nasce o amor desse ódio que arde?
Vi sem saber, ao saber era tarde.
Louco parto de amor houve comigo,
Tenho agora de amar meu inimigo.

AMA — O que foi?

JULIETA — Um versinho que aprendi
Com um par na dança.

(*Alguém, fora, chama: "Julieta!"*)

AMA — Está indo, senhora.
Venha; as visitas já foram embora.

(*Saem.*)

Ato II

(*Entra o Coro.*)

CORO — Mal a antiga paixão agonizava
E o novo amor já quer o lugar dela;
A bela por quem ontem se matava
Junto a Julieta nem sequer é bela.
Agora amado, ama outra vez Romeu,
Ambos presa do aspecto exterior;
Ele leva à inimiga o pranto seu
E ela tira do ódio doce amor.
Inimigo, a Romeu fica vedado
Fazer as juras naturais do amor,
E a ela, apaixonada, não é dada
Ir encontrá-lo, seja onde for.

Mas a paixão, à força, os faz vencer,
Temperando o perigo co'o prazer. (*Sai.*)

Cena I

(*Entra Romeu, só.*)

ROMEU — Partir? Deixando o coração aqui?
Barro, volta, e procura a sua essência.

(*Afasta-se.*)

(*Entram Benvólio e Mercúcio.*)

BENVÓLIO — Romeu! Primo Romeu!

MERCÚCIO — Ele é sabido,
E aposto que já foi deitar, em casa.

BENVÓLIO — Ele correu pra saltar aquele muro.
Chame-o, Mercúcio.

MERCÚCIO — Não; vou conjurá-lo:
Romeu! Insano! Apaixonado! Amante!
Vem, aparece em forma de suspiro!
Diz um versinho que, pra mim, já basta.
Dá um suspiro, rima "amor" com "dor",
Faz um só elogio à prima Vênus,
Dá um dos nomes de seu filho cego,
O menino Cupido, que acertou
Cofétua quando amou sua mendiga.
Ele não ouve, mexe nem reage!
O macaco está morto; só com reza.
Te invoco pelo olhar de Rosalina,
Sua testa alta e lábios carmesim,
Seu pé, perna comprida e coxa trêmula,
Bem como o reino ali por perto desta,
Pra tu, tal como és, nos apareças!

BENVÓLIO — Se ele o ouvir, vai ficar aborrecido.

MERCÚCIO — Não sei por quê. Poderia zangar-se
Se eu invocasse algum potente espírito
Pra penetrar o círculo da amante,
Que fosse estranho e ali ficasse, ereto,
Até que ela chegasse a derrubá-lo:
Lá isso era maldade. A minha reza
É clara e limpa! Em nome de quem ama
Só peço que ele cresça e apareça.

BENVÓLIO — Vamos nós, que ele entrou pelo arvoredo
Pra conversar com os mistérios da noite.
Com amor cego, é melhor ficar no escuro.

MERCÚCIO — Amor que é cego não acerta o alvo;
Ele vai se encostar numa ameixeira.
Querer que a amada fosse fruta igual
À que faz rirem, em segredo, as moças.
E quase sempre elas chamam de ameixa.
Ai, Romeu, ai! Se ao menos ela fosse
Uma ameixa, e você pera pontuda!
Canteiro é muito frio pra ser cama.
Vamos embora?

BENVÓLIO — Vamos, que é inútil
Buscar quem quer ficar bem escondido.

(*Saem Benvólio e Mercúcio.*)

Cena II

(*Romeu avança.*)

ROMEU — Zomba da dor quem nunca foi ferido.
(*Julieta aparece ao alto.*)
Que luz surge lá no alto, na janela?
Ali é o leste, e Julieta é o Sol.
Levante, Sol, faça morrer a Lua
Ciumenta, que já sofre e empalidece

Porque você, sua serva, é mais formosa.
Não a sirva, pois que assim ela a inveja!
Suas vestais têm trajes doentios
Que só tolas envergam; tire-os fora.
É a minha dama, oh, é o meu amor!
Se ao menos o soubesse!
Seus olhos falam, e eu vou responder.
Que ousado sou; não é a mim que falam.
Duas estrelas, das mais fulgurantes,
'Stando ocupadas, pedem aos seus olhos
Que brilhem na alta esfera até que voltem.
E se ficassem lá, e elas no rosto?
O brilho de sua face ofuscaria
Os astros como o dia faz à chama:
Por todo o ar do céu, com tal fulgor
A luz de seu olhar penetraria,
Que as aves cantariam, como ao dia!
Como ela curva o rosto sobre a mão!
Quem me dera ser luva pra poder
Beijar aquela face.

JULIETA Ai de mim!

ROMEU Ela fala!
Fale, anjo, outra vez, pois você brilha
Na glória desta noite, sobre a terra,
Como o celeste mensageiro alado
Sobre os olhos mortais que, deslumbrados,
Se voltam para o alto, para olhá-lo,
Quando ele chega, cavalgando as nuvens,
E vaga sobre o seio desse espaço.

JULIETA Romeu, Romeu, por que há de ser Romeu?
Negue o seu pai, recuse-se esse nome;
Ou se não quer, jure só que me ama
E eu não serei mais dos Capuletos.

ROMEU (*à parte*) Devo ouvir mais, ou falarei com ela?

JULIETA É só seu nome que é meu inimigo:
Mas você é você, não é Montéquio!

O que é Montéquio? Não é pé, nem mão,
Nem braço, nem feição, nem parte alguma
De homem algum. Oh, chame-se outra coisa!
O que há num nome? O que chamamos rosa
Teria o mesmo cheiro com outro nome;
E assim Romeu, chamado de outra coisa,
Continuaria sempre a ser perfeito,
Com outro nome. Mude-o, Romeu,
E em troca dele, que não é você,
Me entrego por inteiro.

ROMEU Eu cobro essa jura!
Se me chamar de amor, me rebatizo:
E, de hoje em diante, eu não sou mais Romeu.

JULIETA Quem é que, assim, oculto pela noite,
Descobre o meu segredo?

ROMEU Pelo nome,
Não sei como dizer-lhe quem eu sou,
Meu nome, cara santa, me traz ódio,
Porque, para você, é de inimigo.
S'estivesse escrito, tal nome rasgaria.

JULIETA Nem cem palavras eu sorvi ainda
Dessa voz, mas já reconheço o som.
Você não é Romeu, e um Montéquio?

ROMEU Nem um nem outro, se você não gosta.

JULIETA Mas como veio aqui, e para o quê?
O muro do pomar é alto e liso,
E pra quem é você, aqui é a morte,
Se algum de meus parentes o encontrar.

ROMEU Com as asas do amor saltei o muro,
Pois não há pedra que impeça o amor;
E o que o amor pode o amor ousa tentar.
Portanto, seus parentes não me impedem.

JULIETA Mas se o virem aqui eles o matam.

ROMEU Há muito mais perigo nos seus olhos
Que nas lâminas deles. Seu olhar
Me deixa protegido do inimigo.

JULIETA Eu não quero por nada que o vejam.
ROMEU Tenho o manto da noite pra esconder-me,
E se você me ama, não me encontram.
Antes perder a vida por seu ódio
Que, sem o seu amor, não morrer logo.
JULIETA Quem o guiou pra vir até aqui?
ROMEU O amor, que me obrigou a procurar:
Aos seus conselhos eu juntei meus olhos.
Não sou piloto, mas, se você fosse
Pro fim da praia do mar mais distante,
Eu singrava até lá por tal tesouro.
JULIETA O meu rosto usa a máscara da noite,
Mas de outro modo eu enrubesceria
Por tudo o que me ouviu dizer aqui.
Queria ser correta e renegar
Tudo o que disse. Mas adeus, pudores!
Me amas? Sei que vai dizer que sim,
E aceito sua palavra. Se jurar,
Pode ser falso. E dizem que Zeus ri
Dos perjúrios do amor. Doce Romeu,
Se me ama, mesmo, afirme-o com fé;
Mas, se pensar que eu fui fácil demais,
Serei severa e má, e direi não,
Pra que me implore; de outra forma, nunca.
Na verdade, Montéquio, ouso demais,
E posso parecer-lhe leviana;
Mas garanto, senhor, ser mais fiel
Que as que, por arte, fazem-se de difíceis.
Eu seria difícil, e o confesso,
Se não ouvisse, sem que eu o soubesse,
Minha grande paixão; então perdoe-me,
E não julgue ligeiro o amor que, cedo,
O peso desta noite revelou.
ROMEU Eu juro, pela Lua abençoada,
Que banha em prata as copas do pomar...

JULIETA Não jure pela Lua, que é inconstante,
E muda, todo mês, em sua órbita,
Pro seu amor não ser também instável.

ROMEU Por que devo jurar?

JULIETA Não jure nunca.
Ou, se o fizer, jure só por si mesmo,
Único deus de minha idolatria,
Que eu acredito.

ROMEU Se meu grande amor...

JULIETA Não jure, já que mesmo me alegrando
O contrato de hoje não me alegra:
Foi por demais ousado e repentino,
Por demais como o raio que se apaga
Antes que alguém diga "Brilhou". Boa noite.
Este botão de amor, sendo verão,
Pode florir num nosso novo encontro.
Boa noite, ainda. Que um repouso são
Venha ao meu seio e ao seu coração.

ROMEU Mas vai deixar-me assim, insatisfeito?

JULIETA E que satisfação posso hoje eu dar?

ROMEU Sua jura de amor, pela que eu dei.

JULIETA Eu dei-lhe a minha antes que a pedisse;
Bem que eu queria ainda ter de dá-la.

ROMEU E quer negá-la? Mas pra quê, amor?

JULIETA Só pra ser franca e dá-la novamente;
Eu só anseio pelo que já tenho:
Minha afeição é como um mar sem fim,
Meu amor tão profundo. Mais eu dou
Mais tenho, pois são ambos infinitos.
Ouço um ruído. Até mais, amor meu.
(*Ama chama, de fora.*)
Ama, já vou. Seja fiel, doce Montéquio. (*Sai.*)

ROMEU Oh noite abençoada; eu tenho medo
Que, por ser noite, isto seja só sonho,
Bom e doce demais pra ter substância.

(*Julieta volta, ao alto.*)

JULIETA Três palavras, Romeu, e boa noite.
Se acaso o seu amor tem forma honrada
E pensa em se casar, mande amanhã
Dizer, por quem buscá-lo no meu nome,
Onde e a que horas tem lugar o rito,
E a seus pés porei tudo o que é meu,
Pra segui-lo, no mundo, meu senhor.

AMA (*fora*) Senhora!

JULIETA Já vou! Mas se não tem boa intenção,
Imploro...

AMA (*fora*) Senhora!

JULIETA Já vou indo!
Que se afaste e me deixe à minha dor.
Amanhã mando alguém.

ROMEU Pela minh'alma...

JULIETA Mil vezes boa noite. (*Sai.*)

ROMEU Tristes mil vezes; minha luz se foi!
O amor busca o amor como o menino
Corre da escola pra não trabalhar;
Amor longe do amor tem o destino
Igual ao do vadio a estudar.

(*Julieta volta ao alto.*)

JULIETA Pst! Romeu! Pst! Com a voz do falcoeiro
Eu laçava de volta o peregrino.
A voz do prisioneiro é rouca e baixa,
Ou eu rachava a caverna do Eco.
Tornando-a mais rouca do que eu,
Com o repetir do nome de Romeu.

ROMEU Quem chamou o meu nome foi minh'alma;
A voz do amor na noite é som de prata,
Parece música a quem o escuta.

JULIETA Romeu!

ROMEU O meu falcão!

JULIETA A que horas devo eu mandar saber?

ROMEU — Às nove horas.
JULIETA — Sem falta. Até lá são vinte anos.
Esqueci por que eu o chamei.
ROMEU — Deixe que eu fique até você lembrar.
JULIETA — Vou esquecer, só pra você ficar,
E eu pensar como é bom tê-lo aqui perto.
ROMEU — Eu fico, pra você esquecer sempre,
E esqueço até que tenho um outro lar.
JULIETA — É dia. Eu quero que se vá, mas só
Tão longe quanto a ave da rameira,
Que a deixa saltitar perto da mão —
Um pobre prisioneiro agrilhoado —
Mas com seu fio sempre a traz de volta,
Só por ciúme à sua liberdade.
ROMEU — Quisera eu ser pássaro.
JULIETA — E eu também.
Mas iria matá-lo só de afagos.
Foi tão doce este boa-noite agora,
Que eu direi boa-noite até a aurora

(*Sai Julieta.*)
ROMEU — Tenha sono em seus olhos, paz no seio;
Por sono e paz tão doces eu anseio.
Sorri a aurora ao escuro pesado,
No leste, a luz já deixa o céu rajado;
O negror, ébrio, corre pra escapar
Das rodas de Titã, que vai passar.
Vou à cela do pai da minha alma,
Pra falar disso e ter ajuda e calma. (*Sai.*)

Cena III

(*Entra Frei Lourenço, sozinho, com uma cesta.*)
FREI — Antes que o olho do céu venha queimar,

Pro dia, alegre, o orvalho secar,
Tenho de encher a cesta com os odores
Que vêm das ervas e do mel das flores.
A terra-mãe de tudo é também cova:
O que ela enterra o seu ventre renova;
E como é vária a prole que aqui veio,
Vemos quando mamamos em seu seio.
Há filhos com virtudes excelentes;
São todos bons, mas todos diferentes.
É grande e forte a graça que é encontrada
Na virtude que a planta e erva é dada.
Não há nada tão vil no que aqui vem
Que a terra não lhe dê sequer um bem;
E nem nada é tão bom que, exagerado,
Não caia em perversão e traia o fado.
A virtude é um vício, mal gerida;
E o vício, vez por outra, salva a vida.
(*Entra Romeu.*)
No sumo desta flor, pra quem procura
Mata o veneno, e o remédio cura.
Se cheirada, é propícia à compleição;
Provada, para o senso e o coração.
Dois reis opostos têm presença igual,
Em planta e homem 'stão a graça e o mal;
Quando a parte pior é que se adianta
Logo o cancro da morte come a planta.

ROMEU Bom dia, padre.

FREI Deus sempre o abençoe.
Por que assim tão cedo me saúda?
Filho, nem tudo pode andar direito
Com quem tão logo salta de seu leito.
Velho não dorme, de preocupado,
E sono não se deita com cuidado;
Mas onde o jovem com a cabeça em paz
Joga o seu corpo, o sono vai atrás.
Portanto a madrugada me assegura

Que você está passando uma amargura.
Se assim não for, eu aposto que acerto:
Esta noite, Romeu ficou desperto.

ROMEU É bem verdade; eu tive melhor sina.

FREI Meu santo Deus! Pecou com Rosalina?

ROMEU Com Rosalina? Meu bom padre, não!
Já me esqueci da dor que tive então.

FREI Isso é bom. Mas o que andou fazendo?

ROMEU Vais saber, se ouvires o que estou dizendo.
Eu fui a um baile na casa que odeio,
E uma entre eles me acertou em cheio.
Também a alvejei. Nosso tormento
Depende de sua ajuda e tratamento.
Não tenho ódio, padre, do inimigo;
Ele terá do bem que faz comigo.

FREI Diga claro, meu filho, o seu intento,
Pois confissão não é divertimento.

ROMEU Pois ouça: meu amor 'stá firme e quieto
Junto à filha do rico Capuleto.
Se o meu é dela, o dela é só meu,
E cabe-lhe juntar o que se deu
Com santo matrimônio. Em que momento
Nos vimos e trocamos juramento,
Eu contarei, mas sempre a suplicar
Que hoje mesmo consinta em nos casar.

FREI Meu São Francisco! Que mudança rara!
Rosalina, a que disse ser tão cara,
Foi despedida? O amor do jovem mora
Não no peito, mas no que vê na hora.
Meu Jesus, só eu sei quanto de sal
Correu em vão por seu rosto, afinal.
Quanta salmoura foi desperdiçada
Num tempero de amor que deu em nada.
O sol ainda nem sequer limpou
Do ar os ais que este ouvido escutou.
Se estivesse em si toda essa dor

Devia ainda ser do antigo amor.
Mas já mudou? Proclame então por mim:
Caia a fêmea, se o macho muda assim.

ROMEU Por amar Rosalina eu fui punido.

FREI Não por amar, por desejar, querido.

ROMEU Mandou que o enterrasse.

FREI Não numa cova
Onde entra uma e sai uma outra, nova.

ROMEU Não condene. A que ora eu amo, senhor,
Me corresponde em graça e em amor.
A outra, não.

FREI Porque sabia bem
Que amor tão tolo pouca vida tem.
Mas vamos lá. Meu rapaz indeciso;
Há razão pra ajudar, sendo preciso.
A união que acaba de propor
Pode fazer do ódio puro amor.

ROMEU Vamos logo: eu estou louco de pressa.

FREI Muita calma. Quem corre só tropeça.
(*Saem.*)

Cena IV

(*Entram Benvólio e Mercúcio.*)

MERCÚCIO Mas onde, raios, se enfiou Romeu? Não foi pra casa ontem?

BENVÓLIO Não pra casa do pai. Perguntei ao criado.

MERCÚCIO Ora, é aquela dona de coração de pedra, a pálida Rosalina, que o atormenta tanto que ele acaba completamente louco.

BENVÓLIO Teobaldo, parente do velho Capuleto, mandou uma carta para a casa do pai.

MERCÚCIO Juro que é desafio.

BENVÓLIO Romeu há de responder.

MERCÚCIO Ora, qualquer um que saiba escrever pode responder a uma carta.

BENVÓLIO Não, vai responder ao dono dessa carta, mostrar-lhe o que faz, quando lhe fazem.

MERCÚCIO Coitado do Romeu, já está morto, apunhalado pelos olhos pretos daquela moça alva, cortado até a orelha por uma canção de amor, com o próprio caroço do coração atravessado por uma flecha do ceguinho. E isso é homem para enfrentar Teobaldo?

BENVÓLIO E o que é que tem esse Teobaldo?

MERCÚCIO Mais que o Príncipe dos Gatos. Veja, não há regulamento que ele não cumpra com bravura; ele luta como quem lê música: respeita o ritmo, o andamento e a proporção. Faz uma pausa na mínima, conta um, dois, e o três é no seu peito: é um assassino de botões de seda — um duelista, um duelista, um cavalheiro de primeira classe e da primeira e da segunda causas. Ah, a passada dupla, a contra em quarta, o *touché*!

BENVÓLIO O quê?

MERCÚCIO Que se danem esses fantasistas afetados, ciciosos, esses inventores de falas novas. Jesus, ele é um grande espadachim, muito bravo, uma boa puta! Não é lamentável, vovô, que sejamos infernizados por essas moscas esquisitas, esses novidadeiros, esses "com licenças", que se apoiam tanto nas novas formas que não conseguem mais se ajeitar nos bancos antigos? Que ossos! Que ossos!

(*Entra Romeu.*)

BENVÓLIO Lá vem Romeu, lá vem Romeu!

MERCÚCIO *Ro* sem *meu* tem rosto de arenque seco. Ah, carne, carne, estás peixificada. Vai deslizar em versos de Petrarca. Diante de sua amada, Laura é ajudante de cozinha — apenas arranjou melhor versejador

— Dido é uma pata, Cleópatra uma cigana, Helena e Hero rameiras safadas, e Tisbe bonitinha, mas nada que valesse a pena. *Signor Romeo, bonjour.* Uma saudação francesa para seus calções da França. Ontem à noite descobri que é falsário.

ROMEU — Bom dia aos dois. Mas como sou falsário?

MERCÚCIO — Deu pistas falsas sobre o seu caminho. Concorda?

ROMEU — Perdão, meu bom Mercúcio; meu assunto era importante, e em tais casos, um homem pode distorcer um pouquinho a cortesia.

MERCÚCIO — É o mesmo que dizer que em casos como o seu o sujeito se torce até destorcer as canelas.

ROMEU — Ao fazer cortesias...

MERCÚCIO — Acertou em cheio.

ROMEU — Foi tão cortesmente argumentado.

MERCÚCIO — Eu sou o florescimento perfeito da cortesia.

ROMEU — Floresce como uma flor.

MERCÚCIO — Exato.

ROMEU — Meus sapatos são corteses, pois têm flores.

MERCÚCIO — Bem achado, e agora dê seguimento a este chiste até gastar o sapato que tem solado único, e você ficará desolado, após usá-lo sola-mente para pôr a sola no solo.

ROMEU — Chiste i-solado, singularmente a-solado por ser só de sola.

MERCÚCIO — Venha entrar na brincadeira, Benvólio; meu espírito já está perdendo o fôlego.

ROMEU — Finque-lhe as esporas, senão ganhei eu!

MERCÚCIO — Não; se é para o espírito ficar sem pé nem cabeça, eu desisto. Pois cada um dos seus sentidos está mais sem sentido do que os meus cinco, juntos. Com essa eu não empatei com você?

ROMEU — Você empata com todos, menos comigo; foi bobo no pé e na cabeça.

MERCÚCIO — Eu mordo a sua orelha, só por essa.

ROMEU — Cabeça que está assim não morde.

MERCÚCIO Seu espírito anda agridoce, está com molho muito temperado.

ROMEU E não é preciso temperar tanta bobagem, para servi-la?

MERCÚCIO Isso é chiste de pelica, que se estica para afinar e para alargar.

ROMEU Eu a estico para alargar qualquer espírito fino e bobo.

MERCÚCIO E isso não é melhor do que gemer de amor? Você agora está muito sociável, está muito bem, Romeu; bem aquele que conhecemos, tanto pela arte quanto pela natureza. Porque quem baba de amor fica igual a um bobo dos que correm por aí, de língua de fora e enfiando o bastão onde podem.

BENVÓLIO Parem! Parem!

MERCÚCIO Você quer que eu pare com o rabo ainda arrepiado.

BENVÓLIO É que o rabo estava ficando grande demais.

MERCÚCIO Engano seu; ia encurtá-lo. Tinha chegado ao fundo e não pretendia mais ocupar o argumento.

ROMEU Mas vejam só que trapalhão.
(*Entram a Ama e o seu criado Pedro.*)
Vela à vista!

MERCÚCIO Duas! Duas! Uma camisa e uma camisola.

AMA Pedro.

PEDRO Já vou.

AMA Meu leque, Pedro.

MERCÚCIO Bom Pedro, é para ela esconder o rosto. A cara do leque é mais bonita.

AMA Deus lhes dê bons dias, cavalheiros.

MERCÚCIO Que Deus lhe dê uma boa noite, bela dama.

AMA É boa noite?

MERCÚCIO Nada menos do que isso, pois o safado do ponteiro do Sol está neste momento cobrindo a marca do meio-dia.

AMA Ora, pare com isso. Que tipo de homem é esse?

ROMEU Senhora, um que Deus fez e Ele mesmo estragou.

AMA Palavra que isso foi bem dito: "e Ele mesmo estragou", não é? Mas, senhores, será que algum dos presentes pode me informar onde posso encontrar o jovem Romeu?

ROMEU Eu posso; mas o jovem Romeu estará mais velho quando o encontrar do que era quando o procurou. Eu sou o mais jovem do nome, por falta de outro pior.

AMA O senhor fala muito bem.

MERCÚCIO O pior é bem? Bem-apanhado. Grande sabedoria.

AMA Se é ele, senhor, desejo trocar umas confidências consigo.

BENVÓLIO Na certa vai "confidenciá-lo" para alguma ceia.

MERCÚCIO É cafetina! É cafetina! Peguei!

ROMEU Pegou o quê?

MERCÚCIO Não foi gato por lebre, nem comida de abstinência, que geralmente já está seca antes de acabar.
(*Ele canta e dança.*)
Lebre gelada
Lebre safada
É boa pra jejum
Mas lebre surrada
Não atrai a moçada
Que gela de um em um.
Romeu, você vai jantar na casa de seu pai? Nós estamos indo para lá.

ROMEU Eu vou logo.

MERCÚCIO Adeus, senhora relíquia; adeus, senhora, senhora, senhora.

(*Saem Mercúcio e Benvólio.*)

AMA Por favor, senhor, quem é esse rapaz tão abusado e exibido com sua grosseria?

ROMEU Um cavalheiro, Ama, que gosta de ouvir a própria voz, capaz de falar mais em um minuto do que aguenta dos outros em um mês.

AMA — Se falar mal de mim, eu o porei pra baixo, nem que seja mais forte do que é, e vinte vezes mais homem. E se eu não conseguir, contrato alguém que possa. Salafrário! Não sou nem das vagabundas nem das marginais dele.
(*Volta-se para Pedro, seu criado.*)
E você só fica aí, plantado, deixando que qualquer safado me use a seu bel-prazer!

PEDRO — Não vi ninguém usando a senhora para o seu prazer; se visse, punha logo de fora a minha arma. Garanto que saco tão rápido quanto qualquer outro, tendo a oportunidade para uma boa briga, se a lei estiver do meu lado.

AMA — Juro por Deus que estou tão danada que estou toda tremendo, de alto a baixo. Safado sórdido. Por favor, senhor, uma palavra — como disse, a minha patroinha pediu que o procurasse. O que me pediu que dissesse eu guardo para mim. Mas, primeiro, deixe que eu lhe diga que, se o senhor a fizer cair em algum conto do vigário, como se diz, seria um comportamento muito sem vergonha, como se diz, pois a mocinha é muito jovem. E, portanto, se jogar sujo com ela, ia ser muita maldade para qualquer fidalguinha, e trato e dos piores e dos mais desprezíveis.

ROMEU — Ama, recomendo-me à sua ama e senhora, e apresento-lhe meus protestos de...

AMA — Meu coração, pode deixar que eu digo isso tudo a ela muito exatamente. Nossa, que mulher feliz ela há de ser.

ROMEU — O que lhe irá dizer, Ama? Não me escuta...

AMA — Vou dizer que protesta — o que, segundo a minha compreensão, é uma resposta de cavalheiro.

ROMEU — Peça-lhe que encontre
Meios pra, à tarde, ir se confessar,
Pois na cela do caro Frei Lourenço,

Depois de confessar-se ela se casa.
Tome por seu trabalho.

AMA — Nem pensar, senhor. Nem um centavo.

ROMEU — Mas eu insisto.

AMA — Esta tarde, senhor? Lá ela irá.

ROMEU — Ama, pare um momento atrás da igreja.
Em meia hora o meu criado a encontra
Para entregar uma escada de cordas
Que, até o prêmio de minha alegria,
Eu subirei no segredo da noite.
Adeus; seja discreta. Eu a compenso.
Adeus; me recomende à sua senhora.

AMA — Que Deus o abençoe. Escute aqui.

ROMEU — O que é, cara Ama?

AMA — Seu criado é discreto? Todos dizem
Que segredo de dois, só se um morre.

ROMEU — Ele é leal e firme como o aço.

AMA — Minha patroa é a mais doce das moças. Meu Deus! Quando ela ainda era deste tamaninho... Olhe, há um nobre na cidade, um tal de Páris, que gostaria de ser o galo do terreiro; mas ela, uma boa alma, preferia olhar um sapo, um sapo mesmo, do que olhar para ele. Eu gosto de implicar com ela, às vezes, dizendo que esse Páris é mais distinto, mas garanto que quando falo assim ela fica mais pálida que qualquer trapo deste mundo inteiro. Rosmaninho e Romeu não começam com a mesma letra?

ROMEU — Isso mesmo, Ama. E daí? Ambos com R.

AMA — Debochado! Isso é nome de cachorro; "R" é pra... Não; isso eu sei que começa com outra letra; e ela faz umas ótimas sentenciações sobre isso, sobre o senhor e o rosmaninho — que o senhor ia gostar de ouvir.

ROMEU — Recomende-me à sua ama. (*Sai.*)

AMA — Mais de mil vezes. Pedro!

PEDRO — Já vou!

AMA Vá na frente, e depressa.
(*Saem.*)

Cena V

(*Entra Julieta.*)

JULIETA Batiam nove quando a Ama foi,
Prometendo voltar em meia hora.
Talvez não o encontrasse. É impossível.
Ela é capenga. Os arautos do amor
Devem ser rápidos como o pensar,
Muito mais do que a luz que vem do sol,
Ao expulsar as sombras das colinas.
Por isso as pombas atraem o amor,
E Cupido, o veloz, tem duas asas.
O sol já está no píncaro mais alto
Deste dia, e das nove até as 12
São três horas, mas ela não voltou.
Se tivesse o ardor da juventude
Ela iria voar como uma bola:
Minha fala a atirava ao meu amor,
A dele a mim.
Mas os velhos parecem mais defuntos:
São pesados, de chumbo, e sem assunto.
(*Entra a Ama, com Pedro.*)
Meu Deus, é ela. E então, minha Amazinha?
Encontrou-o? Dispense esse criado.

AMA Pedro, espere no portão.

(*Sai Pedro.*)

JULIETA Ama querida — que tristeza é essa?
Conte-me alegre até as novas tristes;
E, sendo boas, você desafina
A música com o rosto assim franzido.

AMA — Estou exausta. Deixe que eu respire.
Meus ossos 'stão doendo. Andei demais!

JULIETA — Eu troco as suas novas por meus ossos.
Vamos, fale: por favor, Ama, fale.

AMA — Jesus, que pressa! Não pode esperar?
Não está vendo que eu estou sem fôlego?

JULIETA — Como sem fôlego se o tem bastante
Pra dizer que não pode respirar?
As desculpas que dá pra demorar
São mais compridas que o recado em si.
São boas ou más novas? Diga logo:
Uma ou outra; os detalhes vêm depois.
Mas preciso saber: boas ou más?

AMA — Bem, você fez uma escolha muito tola. Não sabe como se escolhe um homem. Romeu? Não, ele não. Embora seu rosto seja melhor do que o de qualquer outro, ele também tem pernas superiores às dos outros, e quanto à mão e ao pé, e ao corpo, embora talvez seja melhor não falar neles, mesmo assim são incomparáveis. Ele não é a maior flor de cortesia, mas garanto que é manso como um cordeirinho. Pode ir, menina. Pense em Deus. Como é, já almoçaram?

JULIETA — Nada disso; o que eu disse eu já sabia.
Que diz do casamento? Que diz disso?

AMA — Ai, meu Deus, como dói minha cabeça.
Lateja tanto que eu vou estourar.
'Stou desancada. Ai, as minhas costas!
Maldita seja por mandar-me assim
Correr feito uma louca por aí.

JULIETA — Lamento que não esteja muito bem.
Ama querida, o que diz meu amor?

AMA — O seu amor, porque é um cavalheiro
Cortês, honesto, bom e bem bonito,
E virtuoso até — Cadê sua mãe?

JULIETA Ora essa, a mamãe? Está lá dentro.
Onde devia estar? Mas que resposta!
"Diz seu amor, porque é um cavalheiro
Cortês, honesto, bom e bem bonito,
Cadê a sua mãe?"

AMA Virgem Maria!
É tanta a afobação? Pouco me importa.
É esse o emplastro que dá pros meus ossos?
Pois leve os seus recados você mesma.

JULIETA Mas quanta queixa! O que disse Romeu?

AMA Tem licença pra confissão de hoje?

JULIETA Tenho.

AMA Pois se correr até o Frei Lourenço,
Lá terá um marido pra esposá-la.
Agora ficou toda enrubescida;
Você sempre corou com novidades.
Vá à igreja; eu vou pra outro lado
Buscar a escada com que o seu amor
Vai subir, pelo escuro, até o ninho.
Trabalho eu pra você ter prazer;
Mas de noite é você quem vai gemer.
Eu vou comer. Corra para a igreja.

JULIETA Pro meu destino! E que Deus a proteja.
(*Saem.*)

Cena VI

(*Entram Frei Lourenço* e *Romeu.*)

FREI Sorria o céu a este ato santo,
E que ele não nos traga sofrimento.

ROMEU Amém, amém. Mas nem a maior dor
Anula a linda troca de alegrias
Que um minuto me dá por vê-la aqui.

Se juntar nossas mãos com bênção santa,
Que a morte, que devora o amor, ataque:
Pra mim basta poder chamá-la minha.

FREI
E violento prazer tem fim violento,
E morre no esplendor, qual fogo e pólvora,
Consumido num beijo. O mel mais doce
Repugna pelo excesso de delícia,
Que acaba perturbando o apetite.
Modere-se, pro amor poder durar;
A pressa atrasa igual ao devagar.
(*Entra Julieta, um tanto precipitada, e abraça Romeu.*)
Eis a dama. Esses pés, assim tão leves,
Jamais desgastarão o chão que pisam.
Quem ama pode caminhar nas teias
Sacudidas nas brisas do verão
Sem cair; pois tão leve é o bem terreno.

JULIETA
Boa tarde, confessor da minha alma.

FREI
Romeu lhe dará graças por nós ambos.

JULIETA
Já o fez, e ficou com a maior parte.

ROMEU
Julieta, se a alegria que hoje sente
For grande como a minha, e a sua arte
Maior pra descrevê-la, que a sua voz
Adoce o ar e que a sua música
Possa cantar quanta felicidade
Nós recebemos hoje um do outro.

JULIETA
O que nós temos de imaginação,
Se é mais rico por dentro que por fora,
Só canta o conteúdo, não o ornato.
Não tem valor o que dá pra contar,
E o meu amor cresceu a um tal excesso
Que não sei o valor nem da metade.

FREI
Venham comigo, pra apressar os votos.
Por mim, não ficam sós de modo algum
Até a igreja dos dois fazer um.
(*Saem.*)

Ato III
Cena I

(Entram Mercúcio, Benvólio e outros homens.)

BENVÓLIO Mercúcio, por favor, vamos embora;
'Stá quente, os Capuletos 'stão à solta.
Se houver encontro, a briga é inevitável,
Pois no calor o sangue ferve louco.

MERCÚCIO Você parece um desses sujeitos que, ao entrar no recinto de uma taverna, fica com a espada bem à mão, na mesa, e diz: "Deus permita que eu não te necessite!"; e já na segunda caneca quer se servir de quem serve, sem a menor provocação.

BENVÓLIO Eu sou assim?

MERCÚCIO Ora, vamos; você é tão esquentado quanto qualquer brigão da Itália; pronto a ficar ofendido e, se ofendido, logo pronto.

BENVÓLIO Para o quê?

MERCÚCIO Deixe de histórias. Se houvesse dois de você, daí a pouco não ia haver mais nenhum, porque um matava o outro. Ora, você briga com qualquer um que tenha um fio de barba a mais ou a menos que você. Briga com quem quebra uma noz, só porque tem olhos cor de avelã. Que olho fica olhando mais para achar briga do que o seu? Sua cabeça é tão cheia de brigas quanto um ovo de alimento, mas já o vi reduzido a um ovo podre por causa de uma briga. Você já brigou com um pobre coitado que tossiu na rua, só porque ele acordou o seu cachorro, que estava tirando uma soneca ao sol. E não se desentendeu com um alfaiate, só porque ele saiu de roupa nova antes da Páscoa? Ou com um outro, porque amarrou os sapatos com uma fita velha? E ainda quer me pregar sermão por causa de uma briga!

BENVÓLIO Se eu brigasse com a mesma facilidade que você, qualquer um simplesmente me levava a vida em pouco mais de uma hora.

MERCÚCIO É simples levar a vida de um simplório!

(*Entram Teobaldo, Petrúquio e outros.*)

BENVÓLIO Olhe a dor de cabeça; lá vem Teobaldo.

MERCÚCIO Olhe a dor no pé; o que me importa?

TEOBALDO Sigam-me de perto, eu vou falar com eles. Cavalheiros, bom dia: uma palavra.

MERCÚCIO Só uma palavra com um de nós? Junte mais alguma coisa — é melhor um golpe e uma palavra.

TEOBALDO Verá que estarei bem pronto a fazê-lo, se me oferecer a ocasião.

MERCÚCIO E será que não pode agarrar a ocasião sem que ninguém a ofereça?

TEOBALDO Mercúcio, você anda em acordos com Romeu.

MERCÚCIO Acordos? Ou acordes? Talvez ache que somos menestréis. Pois se somos nós os menestréis, não espere nada senão discórdia. Com isto é que eu toco o violino que o fará dançar. Pelas chagas de Cristo, acordos!

BENVÓLIO Essa disputa, aqui, 'stá muito pública.
Ou vão para local mais isolado,
Ou discutam seu caso com juízo,
Ou caiam fora; todos 'stão olhando.

MERCÚCIO Gente tem olhos pra olhar, e eles que olhem.
Não me movo para dar prazer aos outros.

(*Entra Romeu.*)

TEOBALDO Fique em paz. O meu homem vem aí.

MERCÚCIO Não me parece que use a sua libré.
Se for pro campo e se ele o seguir,
Será o caso de ele ser "seu homem".

TEOBALDO Romeu, o amor que eu lhe dedico exige

Que lhe diga na cara que é um vilão.

ROMEU Teobaldo, as razões do meu amor
Ajudam-me a escusar o tom de ira
Da sua saudação. Não sou vilão;
Portanto, adeus; você não me conhece.

TEOBALDO Menino, isso, assim, não apaga o insulto
Que me lançou; portanto, pare e saque.

ROMEU Garanto que jamais o insultei.
E o amo mais que possa imaginar
Então, bom Capuleto, nome que honro
Como o meu próprio, fique satisfeito.

MERCÚCIO Mas que calma mais vil de desonrosa!
Alla stoccata é a palavra de ordem!
(*Saca a espada.*)
Teobaldo, seu pega-ratos; vamos lá?

TEOBALDO Ora essa, o que quer você comigo?

MERCÚCIO Bom Rei dos Gatos, apenas uma de suas nove vidas. Com essa tenho a intenção de me servir à vontade, e depois, conforme me tratar daqui em diante, resolvo o que fazer com as outras oito. Vai tirar sua espada da bainha, pelas orelhinhas? Vamos logo, para que não chegue às suas orelhas antes que o faça.

TEOBALDO Estou às suas ordens.

(*Saca a espada.*)

ROMEU Bom Mercúcio, guarde essa espada.

MERCÚCIO Vamos, senhor; faça seu passe.

(*Lutam.*)

ROMEU Benvólio, controlemos essas armas;
Senhores, parem, isso é ultrajante.
Teobaldo, Mercúcio, o próprio príncipe
Proibiu essas lutas em Verona.
Pare, Teobaldo! Pare, bom Mercúcio!

(Teobaldo, por baixo do braço de Romeu, atinge Mercúcio.)

UM CRIADO — Fuja, Teobaldo.

(Sai Teobaldo com seus seguidores.)

MERCÚCIO — Estou ferido.
Danem-se as suas casas. 'Stou morto.
Ele se foi, ileso?

BENVÓLIO — Está ferido?

MERCÚCIO — É só um arranhão. Mas é o bastante.
O meu pajem! Menino, quero um médico!

(Sai o Pajem.)

ROMEU — Coragem, homem; o corte é pequeno.

MERCÚCIO — Não, não é tão fundo quanto um poço nem tão largo quanto uma porta de igreja, mas é o bastante; é o bastante. Procurem-me amanhã e me verão sério como um túmulo. Estou liquidado, eu garanto, para este mundo. Malditas as suas casas. Pelas chagas de Cristo, um cão, um gato, um rato, um camundongo, matam um homem com um arranhão. Um fanfarrão, um safado, um vilão, que luta por regras aritméticas — por que raios veio meter-se entre nós? Fui ferido por baixo do seu braço.

ROMEU — Pensei fazer pelo melhor.

MERCÚCIO — Levem-me pr'alguma casa, Benvólio,
Ou desmaio. Danem-se as suas casas,
Que fizeram de mim ração de verme.
Eu acabei de vez. As suas casas!

(Saem Mercúcio e Benvólio.)

ROMEU — Esse fidalgo, parente do príncipe,
Meu amigo, levou golpe fatal
Por mim — a minha honra foi ferida
Pelo insulto de Teobaldo, meu primo,

Há uma hora apenas.
Ah, Julieta,
Sua beleza me efeminou,
Amolecendo o aço do valor.

(*Entra Benvólio.*)

BENVÓLIO O bom Mercúcio 'stá morto, Romeu.
Seu bravo espírito subiu pras nuvens
Cedo demais, deixando a nossa terra.

ROMEU Maldito o fado deste dia, então;
Começa aqui a dor que outros terão.

(*Entra Teobaldo.*)

BENVÓLIO Lá vem Teobaldo, ainda furioso.

ROMEU Volta triunfante, e Mercúcio morto.
Fiquem no céu respeito e leniência:
E só a fúria me conduza agora!
Eu lhe devolvo agora, Teobaldo,
O seu insulto. A alma de Mercúcio
Ainda paira perto, sobre nós,
Esperando que a sua o acompanhe.
Com ele irá você, ou irei eu.

TEOBALDO Menino ousado, que era seu comparsa,
É você quem irá.

ROMEU Pois vamos ver.

(*Lutam e Teobaldo cai.*)

BENVÓLIO Fuja logo, Romeu.
O povo grita, e Teobaldo está morto!
Acorde! Se você for apanhado,
Vai ter pena de morte. Fuja logo!

ROMEU Sou palhaço do destino.

BENVÓLIO Por que fica?

(*Sai Romeu.*)

(Entram cidadãos.)

CIDADÃO Pra onde foi o que matou Mercúcio?
Teobaldo, o assassino, pr'onde foi?

BENVÓLIO Eis Teobaldo.

CIDADÃO Vamos, vou levá-lo.
É em nome do príncipe que o prendo.

(Entram o Príncipe, Montéquio, Capuleto, suas mulheres e todos.)

PRÍNCIPE Quem começou essa refrega vil?

BENVÓLIO Meu nobre príncipe, posso eu contar-lhe
Os fatídicos lances desta briga.
Jaz aí morto por Romeu o homem
Que assassinou Mercúcio, o seu parente.

SRA. CAP. Teobaldo querido! Meu sobrinho!
Oh príncipe, oh marido, corre o sangue
Do meu sobrinho. Pela lei, oh príncipe,
Quero, por esse, o sangue dos Montéquios.
Ai, meu sobrinho.

PRÍNCIPE Quero saber quem começou, Benvólio.

BENVÓLIO Teobaldo, aqui, a quem Romeu matou.
Romeu, gentil, pediu-lhe que pensasse
Como era tola a briga, e o alertou
Pra sua indignação. Tudo isso feito
Com bons modos, voz doce, e até mesuras,
Não bastou pra conter a irritação
De Teobaldo, surdo à paz, que ataca
Com aço agudo o peito de Mercúcio,
Que, acalorado, junta ponta a ponta,
E com humor marcial afasta a morte
Com uma das mãos, enquanto com a outra
Devolve-a a Teobaldo, que responde
Com grande habilidade. Romeu grita:
"Parem, amigos!", e, ainda mais rápido,
Seu ágil braço abaixa ambas as pontas

E posta-se entre eles. Sob seu braço,
Um golpe traiçoeiro de Teobaldo
Rouba a vida a Mercúcio. Foge o outro,
Mas volta, inda à procura de Romeu,
Que estava então sedento de vingança.
Pularam como um raio um no outro
E, antes que os afastasse, Teobaldo
É abatido e Romeu sai, fugindo.
Esta é a verdade, ou deixe Benvólio morrer.

SRA. CAP. Ele é aparentado com os Montéquios;
É falso por afeto. Está mentindo.
Estavam nessa briga mais de vinte!
Foram vinte a tirar uma só vida!
Meu príncipe, é justiça que eu exijo.
Romeu matou; não pode mais viver.

PRÍNCIPE Romeu matou Teobaldo; e este, Mercúcio;
Quem deve agora o preço desse sangue?

MONTÉQUIO Não Romeu, que era amigo de Mercúcio;
Seu erro terminou, como a lei manda,
A vida de Teobaldo.

PRÍNCIPE E por tal crime
Desde já 'stá banido desta terra.
Eu fui tocado pelo acontecido,
Por vossas brigas correu sangue meu.
Mas hei de dar-vos penas tão severas
Que havereis de chorar a minha perda.
Serei surdo a pedidos e desculpas;
Não há perdão pra pranto nem pra reza;
Romeu deve partir com toda pressa,
Pois se for encontrado será morto.
Levai o corpo. Haveis de me acatar;
Perdão pra morte é o mesmo que matar.
(*Saem.*)

Cena II

(*Entra Julieta, só.*)

JULIETA

Galopa pro lar de Febo, cavalo
De pés de fogo. Um condutor qual Faeton
O levaria a golpes para o oeste
Trazendo logo a noite nevoenta.
Noite que faz o amor, fecha o teu pano
Pra que os olhos se fechem e Romeu
Venha para estes braços invisíveis.
Amantes sabem ver ritos de amor
Pela própria beleza. Se ele é cego,
O amor vai bem co'a noite. Vem, oh noite,
Sóbria matrona toda em trajes negros,
E ensina-me a perder essa vitória
Em que é jogada a pura virgindade.
Cobre o meu sangue ingênuo, que palpita,
Com o manto negro até que o amor, ousado,
Veja o ato do amor como modéstia.
Vem, noite, vem, Romeu, vem dia em noite,
Pois nas asas da noite hás de mostrar-te
Tão alvo quanto a neve sobre um corvo.
Vem, noite escura, delicada e amante;
Dá-me o meu Romeu, e se eu morrer
Retalha-o e faz com ele estrelas,
E ele dará ao céu um rosto tal
Que o mundo inteiro há de adorar a noite,
Recusando-se a adorar o Sol.
Comprei pra mim uma mansão de amor,
Mas não a possuo. Mesmo vendida,
Inda não fui gozada. O dia hoje
É longo como a véspera da festa
Pra menina que tem vestido novo
Ainda sem usar. Lá vem a Ama.
(*Entra a Ama, com as cordas, torcendo as mãos.*)
Traz novas, e quem fala de Romeu

Tem na boca eloquência celestial.
Então, Ama, o que há? Que traz aí?
É a escada de Romeu?

AMA Sim, é.

JULIETA Mas o que há? Por que torcer as mãos?

AMA Que tristeza! 'Stá morto! Morto! Morto!
Nós estamos perdidas, sim, perdidas,
Ai de mim, está morto, assassinado.

JULIETA Pode o céu ser assim tão inimigo?

AMA Pode.
Se não o céu, ao menos Romeu pode.
Quem podia pensar? Logo Romeu.

JULIETA Mas por que me atormenta desse modo?
Torturar desse modo, só no inferno.
Romeu matou-se? É só dizer que sim,
Que só o som terá bem mais veneno
Do que o olhar mortal do basilisco.
Eu não sou eu se ouvir dizer "morreu",
Ou se seus olhos piscam pra afirmá-lo.
Ele morreu? Diga só "sim" ou "não".
Um breve som me traz o bem ou o mal.

AMA Eu vi o ferimento com esses olhos
— Deus me perdoe — feito no seu peito.
Um cadáver patético e sangrento,
Pálido como a cinza, ensanguentado
Com as estranhas. Eu desmaiei de ver.

JULIETA Estoura, coração. Falido, estoura.
Cega, eu jamais verei a liberdade;
Meu pó em pó se tornará, e inerte
Pesarei com Romeu num só caixão.

AMA Ah, Teobaldo, meu melhor amigo.
Teobaldo cortês, tão cavalheiro.
Nunca pensei viver pra vê-lo morto.

JULIETA Que tempestade mais insana é essa?
Romeu assassinado, o outro morto?
Meu caro primo e meu senhor amado?

É o Juízo Final anunciado!
Pois qual está vivo se ambos se forem?

AMA — Teobaldo morto e Romeu banido.

JULIETA — Meu Deus, Romeu matou Teobaldo?

AMA — Foi ele, ai de mim, foi ele sim.

JULIETA — Serpente oculta pela flor de um rosto!
Que dragão tem morada tão bonita?
Belo tirano, angélico demônio,
Corvo-pomba, carneiro feito lobo!
Matéria vil do mais divino aspecto!
Oposto do que tanto pareceu!
Santo maldito, vilão honorável!
Oh, natureza, o que houve no inferno,
Se ao coroar a fronte de um demônio,
Usaste carne tão celestial!
Que livro assim tão sórdido já teve
Capa tão linda? Como pode o engano
Viver em tal palácio?

AMA — Não há verdade,
Nem fé, nem honestidade nos homens.
São todos perjuros, torpes, fingidores.
Cadê meu pajem? Quero uma *aqua vitae.*
Tanta dor e tristeza me envelhecem.
Vergonha pra Romeu!

JULIETA — Queime essa língua
Por dizê-lo. Ele não nasceu pra vergonha.
A vergonha se vergonha de sentar-se,
No trono onde a honra é consagrada.
Como monarca único do mundo.
Foi um monstro quem pensou mal dele.

AMA — Vai falar bem de quem matou seu primo?

JULIETA — E devo falar mal de meu marido?
Ah, senhor meu, que língua há de louvá-lo
Quando eu, recém-casada, o condenei?
Mas, meu vilão, por que matou meu primo?
Porque o primo-vilão tentou matá-lo.

Lágrimas, voltem para suas fontes;
O seu tributo é devido à tristeza,
Só por engano ele rega a alegria.
'Stá vivo o meu marido ameaçado,
'Stá morto o primo que o ameaçou;
'Stou confortada. Por que choro, então?
Pior que a morte, ouvi uma palavra
Que me matou. Eu queria esquecê-la,
Mas ela pressiona a minha memória
Como a culpa tortura o pecador.
Teobaldo, morto, mas Romeu... banido.
Esse "banido", esse termo "banido",
Matou dez Teobaldos. Sua morte
Já era mais que triste só por si,
Mas se a vil dor precisa de companhia,
Tem de alinhar-se junto a outros males,
Por que não disse, com "Morreu Teobaldo",
Também a sua mãe, seu pai, ou ambos,
Motivos de lamento rotineiro?
Mas a sequência pra "Morreu Teobaldo"
É "Romeu foi banido"; essa palavra
É pai, mãe, primo, Romeu, Julieta,
Todos mortos. Romeu está banido.
Não há medida, nem limite ou fim
Na morte que vem dela. A dor é assim.
Ama, meu pai, minha mãe, onde estão?

AMA — Chorando Teobaldo em seu caixão.
Quer vê-los? Eu a posso levar lá.

JULIETA — Pra banhá-lo com pranto? Não o meu.
Mais que eles, eu choro por Romeu.
Leve a escada. 'Stá tudo abandonado,
A escada e eu; Romeu foi exilado.
Para o meu leito essa estrada ele fez,
Mas será virgem minha viuvez.
Ama, no leito nupcial vou deitar,
Pra só a morte me desvirginar.

AMA Vá pro seu quarto. Eu hei de achar Romeu
Pra confortá-la. Eu sei bem pr'onde foi.
Romeu virá de noite, com certeza.
Vou vê-lo. Quem o esconde é Frei Lourenço.

JULIETA Dê-lhe este anel, que é marca de firmeza,
Que ele venha, pro meu adeus imenso.
(*Saem.*)

Cena III

(*Entra Frei Lourenço.*)

FREI Venha, Romeu, rapaz assustador,
Por quem a aflição se apaixonou
E que se casou com a calamidade.

(*Entra Romeu.*)

ROMEU As novas, padre. Qual é minha sentença?
Que desgraça me quer tomar a mão
Que eu inda não conheça?

FREI É exagerada
A sua intimidade com a amargura.
Eu vim trazer-lhe a sentença do príncipe.

ROMEU Será pior que o Juízo Final?

FREI De seus lábios saiu pena mais branda:
Não a morte do corpo, mas o exílio.

ROMEU Exílio? Tenha piedade e diga morte.
Pois o aspecto do exílio é mais terrível,
Muito mais que o da morte. Exílio, não.

FREI Doravante, banido de Verona.
Seja paciente, pois o mundo é grande.

ROMEU Pra fora de Verona não há mundo,
Só purgatório, ou até mesmo o inferno;
Fora daqui 'stou banido do mundo,
O exílio é morte; e então o "banimento"

É um nome para a morte. O banimento
Me decapita com machado de ouro.
'Stá sorrindo da minha execução!

FREI
Que pecado mortal é ser ingrato!
A lei diz morte, e por bondade o príncipe,
Tomando o seu partido, a afastou
E fez da negra morte banimento;
Isso é piedade, e você não quer ver.

ROMEU
Tortura, e não piedade. Aqui é o céu
Onde vive Julieta, e qualquer cão,
Ou gato, ou rato ou coisa sem valor
Pode viver no céu e pode vê-la,
Mas não Romeu. Existe mais valor,
Mais honra e cortesia em qualquer mosca
Do que em Romeu, pois essa pode
Tocar na mão tão branca de Julieta,
Roubar a eterna bênção de seus lábios,
Que ainda puros, vestais de seu pudor,
Coram por ver pecado nesse beijo.
Mas não Romeu; Romeu está banido.
As moscas podem, eu fujo daqui;
Elas são livres, eu estou banido.
E ainda diz que o exílio não é morte?
Não tem aqui um veneno, uma faca,
Nenhum meio de morte, por mais vil,
Pra me matar, senão esse "banido"?
O termo é pros danados, lá no inferno,
Chega uivando. E o senhor tem a coragem,
Confessor, diretor espiritual,
Que dá absolvição e é meu amigo,
De retalhar-me com esse "banimento"?

FREI
Tolo insano, ouça ao menos um momento.

ROMEU
Pra ouvi-lo falar de banimento.

FREI
Vou dar-lhe um escudo contra essa palavra.
Na adversidade há filosofia
Que possa consolar quem foi banido.

ROMEU Inda "banido"! Quem quer ser filósofo?
Filosofia faz uma Julieta?
Muda a cidade? Altera a lei do príncipe?
Não, não ajuda e não adianta. Basta!

FREI Percebo agora que os loucos são surdos.

ROMEU E por que não, quando os sábios são cegos?

FREI Discutamos o estado em que se encontra.

ROMEU Como podes falar do que não sente?
Se fosses jovem, o amor de Julieta,
Recém-casado, e algoz de Teobaldo,
Apaixonado e, como eu, banido,
Podias então falar, descabelar-se,
E atirar-se no chão, como eu agora,
Medindo a cova que inda não foi feita.

(*Batem.*)

FREI Estão batendo; esconda-se, Romeu.

ROMEU Eu não, a não ser que os meus suspiros
Escondam-me dos outros com sua névoa.

(*Batem.*)

FREI Escute só — Quem é? — Romeu, levante!
Será preso — Eu já vou. — Fique de pé.
(*Batem.*)
Pro meu quarto! — Já vou. — Que Deus me acuda. — Mas que tolice é essa? — Eu já 'stou indo.
(*Batem.*)
Quem bate? De onde vem e o que quer?

AMA (*fora*) Deixe-me entrar que saberá de tudo.
Julieta me mandou.

FREI Seja bem-vinda.

(*Entra a Ama.*)

AMA Ah, frade abençoado, por favor,
Onde está o senhor de minha ama?

FREI Ali no chão; está bêbado de pranto.

AMA O caso dele é o mesmo da patroa;
Exatamente o mesmo. Triste acordo;
Patética união. Assim está ela —
Queixa-se e chora; chora e mais se queixa.
Levante-se; levante-se, se é homem.
Pelo bem de Julieta, fique em pé.
Como fica assim não levanta mais nada!

(*Ele se levanta.*)

ROMEU Ama!
AMA Só a morte é que não tem mais remédio.
ROMEU Falou de Julieta? Ela está bem?
Será que pensa em mim como assassino
Que maculou a infância da alegria
Com sangue assim tão próximo do seu?
Onde está? O que faz? E o que diz
Deste amor cancelado a minha dama?
AMA Não diz nada; ela chora sem parar,
Deita na cama e torna a levantar,
Chama Teobaldo, grita por Romeu,
Deita de novo...
ROMEU Como se esse nome,
Saído como bala de uma arma,
A matasse, como esta mão maldita
Matou-lhe o primo. Diga-me, meu frade,
Em que recanto vil da anatomia
Mora o meu nome? Diga, que eu destruo
O seu covil.
FREI Pare essa louca mão.
Você é homem: a forma o proclama,
O pranto é de mulher, e os gestos loucos
Revelam fúria que só serve às feras.
É grotesca a mulher vista num homem,
Pior ainda a fera em uma ou outro!
É um espanto. Por minha ordem santa,
Eu o julgava mais equilibrado.

Matou Teobaldo e agora quer matar-se?
Maldiz o nascimento, o céu e a terra?
Pois esses três se unem em você
Num só instante. E você quer perdê-los.
Pois envergonha forma, amor e espírito.
A forma nobre é só massa de cera
Quando privada do valor de homem;
O seu amor é só perjúrio oco
Se mata o amor que jurou respeitar;
O espírito, que orna forma e amor,
Se mal usado na conduta de ambos,
É pólvora nas mãos de incompetentes,
Cuja própria ignorância é que incendeia.
Está se destruindo ao defender-se.
Rapaz, acorde! Julieta está viva,
Por quem você morria, ainda agora.
É sorte! E Teobaldo ia matá-lo,
Mas você o matou. Também foi sorte.
A lei que o ameaçava foi amiga,
Reduziu-se a exílio. Inda mais sorte.
Tantas bênçãos pousaram em você,
Tanta alegria o busca, engalanada!
Mas, como a rapariga de maus modos,
Você faz beiço ante a fortuna e o amor.
Procure o seu amor, segundo os planos,
Suba ao seu quarto — vá reconfortá-la.
Cuidado pra partir antes da Guarda,
Senão não vai poder passar pra Mântua,
Onde há de morar até o momento
De revelar sua boda e, entre amigos,
Imploramos ao duque a sua volta,
Com milhares de vezes mais motivo
Pra alegria que hoje há pra lamento.
Vá indo, Ama, com meus cumprimentos;
E que todos na casa vão pro leito,
Que uma grande tristeza o recomenda.
Romeu vai já.

AMA — Eu ficaria aqui a noite inteira
Ouvindo os seus conselhos. É o saber!
Senhor, direi à ama que irá logo.

ROMEU — Que se prepare pra me condenar.

(*Ama vai sair, mas volta.*)

AMA — Ela pediu que lhe desse este anel.
Apresse-se, senhor, que já é tarde. (*Sai.*)

ROMEU — Como isto me alegra e reconforta.

FREI — Vá logo, e boa noite. O caso é este:
Ou você parte antes que a guarda chegue,
Ou de manhã viaja disfarçado.
Fiquei em Mântua. Eu procurarei seu pajem,
Que de tempos em tempos lhe dará
Todas as boas novas que houver.
A sua mão. É tarde. Vá com Deus.

ROMEU — Se a alegria do amor não me chamasse,
Não creia que daqui eu me afastasse.
(*Saem.*)

Cena IV

(*Entram Capuleto, a senhora Capuleto e Páris.*)

CAPULETO — Foi muito triste tudo o que se deu.
Não houve tempo pra falar com ela.
Julieta amava muito a Teobaldo;
Eu também. Pra morrer basta estar vivo.
É bem tarde; ela não desce mais, hoje.
Se não fosse por sua companhia,
Nós também já 'staríamos deitados.

PÁRIS — Hora de dor não é hora pra corte.
Boa noite, senhora. Recomende-me.

SRA. CAP. — Pois não. E amanhã terá resposta;
Esta noite a tristeza é que a domina.

(*Páris vai sair, porém Capuleto torna a chamá-lo.*)

CAPULETO Páris, por imprudência eu mesmo empenho
O amor de minha filha. Eu acredito
Que em tudo ela será obediente;
Nem o duvido. Antes de deitar-se,
Vá falar-lhe, mulher, do amor de Páris,
E diga, 'stá ouvindo? — que na quarta —
Que dia é hoje?

PÁRIS É segunda, senhor.

CAPULETO Segunda? Ah, bem; quarta é cedo demais.
Que na quinta — isso, quinta — diga-lhe,
Irá casar-se com este nobre conde.
Estará pronto? Gosta desta pressa?
Não vai ser festa. Só uns dois amigos.
A morte de Teobaldo é tão recente
Que diriam, se houver muito festejo,
Que não o tínhamos em grande apreço.
Teremos só meia dúzia de amigos,
E fica nisso. O que diz da quinta?

PÁRIS Que é pena a quinta não ser amanhã.

CAPULETO Agora, vá. Será na quinta, e pronto.
Procure Julieta agora à noite;
Prepare-a, mulher, para essa boda.
Adeus, senhor. Quero luzes pro quarto!
Ora essa, é tão tarde que já posso
Daqui a um pouco dizer que é cedo. Adeus.
(*Saem.*)

Cena V

(*Entram Romeu e Julieta, ao alto, na janela.*)

JULIETA Mas já quer ir? Ainda não é dia.
Foi só o rouxinol, não cotovia

Que penetrou seu ouvido assustado.
Toda noite ele canta entre as romãs.
Verdade, amor; foi só o rouxinol.

ROMEU
Foi o arauto do dia, a cotovia,
E não o rouxinol. Veja os clarões
Que já rendaram as nuvens no leste.
Cada vela do céu já se apagou,
E o dia, triunfante, se prepara
Para pisar nos cumes das montanhas.
Ou vou e vivo, ou fico aqui e morro.

JULIETA
Essa luz não é dia, amor; eu sei.
É um meteoro que o Sol exalou
Só pra servir de tocha pra você,
E iluminar seu caminho para Mântua.
Fique um pouco; não é preciso ir.

ROMEU
Então, que eu fique, e seja executado;
Concordo, se é assim que você quer.
Esse cinza não é olhar da aurora,
Mas só o reflexo pálido da lua.
Não ouvi cotovia, cujo canto
Reboa até a cúpula do céu.
Que me importa partir. Quero ficar.
Conversemos, amor; não é a aurora.

JULIETA
É sim, é sim; você tem de ir embora.
É a cotovia que canta assim, tão mal,
Com agudos estridentes, em discórdia.
Dizem que a cotovia faz, com graça,
A divisão dos ritmos de seu canto;
Mas, sem graça, ela agora nos divide.
Dizem que ela e o sapo trocam de olhos;
Só sinto que não troquem também de voz,
Pois sempre me parece rude e armada,
E o expulsa daqui nesta caçada.
Vá embora; a luz cresce e mostra as cores.

ROMEU
Clara é a luz, escuras nossas dores.

(*Entra a Ama, apressada.*)

AMA Senhora.

JULIETA O que é, Ama?

AMA A senhora sua mãe vem ao seu quarto.
Já é dia; é melhor 'star prevenida. (*Sai.*)

JULIETA Janela, que entre a luz e saia a vida!

ROMEU Adeus; um beijo mais e eu desço.

(*Ele desce.*)

JULIETA Já se foi meu amor, marido e amigo?
Eu quero que me escreva de hora em hora,
Pois são muitos os dias de um minuto.
Contando assim, eu já 'starei velhinha
Antes de rever meu Romeu.

ROMEU Adeus.
Não perderei nenhuma ocasião
De mandar meu amor e novidades.

JULIETA Você crê que algum dia nos veremos?

ROMEU Sem dúvida. E essa dor que hoje sentimos
Servirá pra conversa, no futuro.

JULIETA Meu Deus, só sou vidente para o mal!
Parece-me que o vejo, bem distante,
Como um morto, no fundo de um caixão.
São os meus olhos, ou você está pálido?

ROMEU Aos meus, querida, você também está.
A dor bebeu o nosso sangue. Adeus. (*Sai.*)

JULIETA Ah, Fortuna, que dizem caprichosa;
Se o fores, o que hás de querer dele,
Famoso por firmeza? Muda, então,
Pra não querê-lo mais, em pouco tempo,
E mandá-lo de volta.

(*Entra a senhora Capuleto.*)

SRA. CAP. 'Stá acordada?

JULIETA Quem me chama? A senhora minha mãe?
Ainda não deitou ou madrugou?
O que, de inesperado, a traz aqui?

(*Ela se afasta da janela.*)

SRA. CAP. Como está, filha?

(*Entra Julieta.*)

JULIETA Não 'stou bem, senhora.
SRA. CAP. Sempre a chorar a perda do seu primo?
Vai tirá-lo da cova só com pranto?
Nem isso poderia dar-lhe vida.
Portanto, basta: há pranto que é de amor,
Mas o excessivo é falta de juízo.
JULIETA Permita-me que eu chore a minha perda.
SRA. CAP. Assim só chora a perda, e não o amigo
Por quem chorou.
JULIETA Mas ao sentir a perda,
É importante que eu não chore o amigo.
SRA. CAP. Por sua morte nunca há de chorar
Tanto quanto o vilão que o assassinou.
JULIETA Senhora, que vilão?
SRA. CAP. Ora, Romeu.
JULIETA A vilania e ele estão bem longe;
Deus o perdoe. Eu já perdoei;
Mas ninguém tanta dor me traz ao peito.
SRA. CAP. É porque o assassino ainda vive.
JULIETA Vive longe do alcance destas mãos.
Eu quero que só eu vingue o meu primo.
SRA. CAP. Não tenha medo; ele será vingado.
Não chore mais. Mandarei a Mântua,
Onde mora o bandido renegado,
Alguém que a ele dê droga tão rara
Que em breve ele estará com Teobaldo;
E espero, então, que fique satisfeita.

JULIETA — Na verdade, não fico satisfeita
Com Romeu, antes que o veja — morto —
Qual o meu coração por um parente.
Senhora, se encontrar um mensageiro
Para o veneno, hei de temperá-lo,
Pra Romeu, logo após o receber,
Dormir em paz. Meu coração odeia
Ouvir seu nome sem poder tocá-lo,
Pr'eu expressar o amor que tinha ao primo
No próprio corpo de quem o matou.

SRA. CAP. — Encontre a droga que eu encontro o homem.
Mas, agora, eu lhe trago boas-novas.

JULIETA — Que nova é boa em tempo como este?
Mas por favor, senhora, quais são elas?

SRA. CAP. — Já sabe que seu pai pensa em você;
E, para aliviar sua tristeza,
Ele marcou um dia de alegrias
Que nem você nem eu hoje esperávamos.

JULIETA — Que bom, senhora. Mas que dia é esse?

SRA. CAP. — Filha, na quinta-feira, de manhã,
O guapo e muito nobre cavalheiro
Conde Páris, na igreja de São Pedro,
A fará sua noiva radiosa.

JULIETA — Pela igreja de São Pedro e de São Paulo,
Ele não vai me fazer noiva alguma.
Só me espanta essa pressa pr'eu casar,
Antes que esse marido faça a corte.
Por favor, diga a meu pai e senhor
Que não me caso ainda. E se casasse
Seria antes com Romeu, que odeio,
Que com Páris. Então a nova é essa?

SRA. CAP. — Lá vem seu pai. Então, diga isso a ele,
Pra ver se ele o escuta, de você.

(*Entram Capuleto e a Ama.*)

CAPULETO — Ao pôr do sol o orvalho cobre a terra,
Mas para o enterro deste meu sobrinho

Foi chuva que tivemos.
O que é isso, menina: virou bica?
Só chora e pinga? Em miniatura
Você já virou casco, mar e vento,
Pois seus olhos são mar que desce e sobe
Com choro de maré. Seu corpo é a nau
Que ali navega; os ventos, seus suspiros
Que rugem e sacodem suas lágrimas,
Que se não se acalmarem vão levar
Seu corpo a naufragar. Então, mulher,
Já lhe contou nossa decisão?

SRA. CAP. Eu, já. Ela agradece, mas não quer.
Melhor casar a tonta com uma cova.

CAPULETO Um momento, mulher. Que foi que disse?
Como? Não quer? E não nos agradece?
É orgulhosa? Não vê que é uma bênção,
Tendo tão poucos méritos, que nós.
A demos como noiva a um tal homem?

JULIETA Não sinto orgulho e sou agradecida.
Não posso ter orgulho do que odeio,
Mas sou grata pelo ódio que é amor.

CAPULETO O quê? O quê? Tem lógica de hospício?
"Orgulhosa", "Agradecida", "Não quero",
Mais "Não sou orgulhosa"? Menininha,
Nada de agradecimentos nem de orgulhos;
É só juntar os ossos pra, na quinta,
Ir com Páris à igreja de São Pedro,
Ou a arrasto até lá pessoalmente.
Verme anêmico! Lixo, passa fora!
Cara de vela!

SRA. CAP. O que é isso? Está louco?

JULIETA Meu bom pai, eu imploro, de joelhos;
(*Ajoelha-se.*)
Ouça com paciência uma palavra.

CAPULETO Vá pra forca, rebelde de uma figa!
Pois ouça: vais pra igreja quinta-feira

Ou nunca mais verás este meu rosto.
Não fale, não replique, não responda.
A palma 'stá coçando. Nós, mulher,
Julgamos pouca bênção a que Deus dera
Com esta filha única; mas hoje
Percebo que essa única é demais.
E que fomos malditos ao gerá-la.
Sai, vagabunda.

AMA — Deus a abençoe.
Faz muito mal, senhor, dizendo isso.

CAPULETO — Por quê, sua Sabe-Tudo? Cale a boca,
Vá fazer seus fuxicos na cozinha!

AMA — Não faltei com o respeito.

CAPULETO — Santo Deus!

AMA — Não se pode falar?

CAPULETO — Chega, idiota!
Vá pregar em conversa de comadres;
Aqui não é preciso.

SRA. CAP. — Não se exalte.

CAPULETO — Exaltar-me? Mas Deus é testemunha
Que dia e noite, em luta e em lazer,
Só ou acompanhado, sonhei sempre
Com casar bem a filha. Pois agora,
Ofereço-lhe um nobre cavalheiro,
De grandes posses, jovem, de linhagem,
Coalhado, como dizem, de virtudes,
Tão belo quanto calha bem a um homem,
E me aparece essa maldita idiota,
Choramingando diante de tal sorte,
E a dizer: "Não me caso", "Eu não o amo",
"Sou jovem, por favor, peço perdão!"
Pois não case, pra ver que perdão tem!
Pode ir pastar, que aqui não come mais.
Pense bem, que eu não sou de brincadeiras.
Quinta está aí. Use a mente e o coração.
Ou é minha pr'eu dá-la ao meu amigo

Ou enforque-se, então! Morra nas ruas!
Pois juro por minh'alma renegá-la
E impedir que o que é meu venha a ser seu.
Acredite e reflita. Eu juro e cumpro. (*Sai.*)

JULIETA
Será que o céu não tem misericórdia
Que veja até o fundo a minha dor?
Não me renegue, minha mãe querida,
Adie a boda um mês, uma semana,
Se não, prepare o leito nupcial
Na tumba escura onde jaz Teobaldo.

SRA. CAP.
Não me digas nada, porque eu não respondo.
Faça o que bem quiser. Eu lavo as mãos. (*Sai.*)

JULIETA
Ama, meu Deus, como evitar tudo isso?
Com o marido na terra, as juras feitas,
Como hei de ter na terra votos santos
Senão com meu marido já no céu,
Longe da terra? O que diz? Me aconselhe!
Como é possível que o céu brinque assim
Com súdita tão fraca quanto eu?
Que diz? Nem um traço de alegria?
Não há consolo, Ama?

AMA
Certo que há.
Romeu está banido; aposto o mundo
Que não ousa voltar pra reclamá-la.
Se o fizer, há de ser às escondidas.
Então, as coisas 'stando como 'stão,
Eu creio que é melhor casar com o conde.
Que bonito que ele é!
Romeu, ao lado dele, é um rebotalho.
Nem águia tem olhar tão verde e esperto
Quanto Páris. De coração lhe digo
Que teve sorte nesta nova união:
É melhor que a primeira, e se não fosse,
Seu marido está morto, ou é como se
Viesse aqui sem você o querer.

JULIETA
Fala de coração?

AMA — De alma também; que eu me dane se não.
JULIETA — Amém.
AMA — O quê?
JULIETA — O seu consolo foi maravilhoso.
Vá dizer a mamãe que eu já saí,
Por desgostar meu pai, pra ir à igreja,
Pra confessar-me e ter absolvição.
AMA — Que bom, já vou; está sendo ajuizada. (*Sai.*)
JULIETA — Velha maldita! Monstro de maldade!
Peca mais quem me quer assim perjura,
Ou quem ofende assim ao meu senhor,
Com a mesma língua com que tantas vezes
O colocou no céu? Vá, conselheira.
Doravante seguimos dois caminhos.
Frei Lourenço dirá o que fazer;
Se tudo mais falhar, posso morrer. (*Sai.*)

Ato IV
Cena I

(*Entram Frei Lourenço e Páris.*)

FREI — Quinta, senhor? O tempo é muito curto.
PÁRIS — O meu pai Capuleto assim o quer
E não me oponho a essa sua pressa.
FREI — Diz que não sabe a opinião da moça;
É mau começo e eu não gosto disso.
PÁRIS — Ela chora Teobaldo como louca:
Por isso não falei do meu amor,
Pois Vênus não sorri em meio a lágrimas.
Seu pai, senhor, julgando perigoso
Ela entregar-se de tal modo à dor,
Apressou sabiamente o casamento,
Pra represar a inundação de lágrimas
Que aumentam sempre quando está sozinha,

Mas talvez cessem tendo companhia.
Conhece assim o porquê desta pressa.

FREI — Quisera não saber por que atrasá-las —
Mas eis que a jovem chega à minha cela.

(*Entra Julieta.*)

PÁRIS — Que bom vê-la, minha senhora-esposa.

JULIETA — Talvez seja, se um dia eu for esposa.

PÁRIS — O que será, amor, na quinta-feira.

JULIETA — O que será, será.

FREI — Boas palavras.

PÁRIS — 'Stá aqui pra confessar-se com este frade?

JULIETA — Responder o fará meu confessor.

PÁRIS — Por favor, não lhe negue que me ama.

JULIETA — Ao senhor só confesso que amo a ele.

PÁRIS — E a ele que me ama, com certeza.

JULIETA — Se assim for, sempre será melhor
Dizê-lo às suas costas que a seu rosto.

PÁRIS — Seu rosto foi marcado pelas lágrimas.

JULIETA — Não foi grande vitória para elas;
Não era grande coisa antes da dor.

PÁRIS — Só dizer isso ofende mais que o pranto.

JULIETA — Senhor, não é calúnia, é só verdade
Que digo frente a frente com meu rosto.

PÁRIS — Mas o seu rosto é meu — e assim o ofende.

JULIETA — Pode até ser, pois ele não é meu.
Meu santo pai, vai ficar livre agora
Ou é melhor à noite, após a missa?

FREI — Eu tenho tempo agora, triste filha.
Devemos ficar sós, senhor, agora.

PÁRIS — Sabe Deus que não impeço devoções.
Julieta, quinta cedo eu a desperto;
Até então adeus, e um beijo santo. (*Sai.*)

JULIETA — Feche a porta, e depois de a ter trancado,
Vamos chorar, sem cura ou esperança!

FREI Ah, Julieta, eu sei da sua dor,
Que me arrasta aos limites da razão.
Soube que tem — sem nada que o adie —
De se casar na quinta com esse conde.

JULIETA Meu pai, não diga que já sabe disso,
Se não for pra dizer como evitá-lo.
Se todo o seu saber não me ajudar,
É só julgar que 'stou agindo certo
E esta faca me ajuda, num momento.
Romeu e eu por Deus fomos unidos,
E antes que a mão pelo senhor unida
Seja marcada por um outro voto,
Ou que o meu coração em vil traição
Se entregue a outro, essa mão mata os dois.
Portanto, usando a sua experiência,
Diga-me o que fazer, ou testemunhe
Entre mim e a minha dor, este punhal
Servir de árbitro e solucionar
O que nem sua idade ou sua arte
Puderam resolver pra mim com honra.
Mas chega de falar. Quero morrer,
Se o que diz não me trouxer remédio.

FREI Espere, pois vislumbro uma esperança,
Que exige execução desesperada,
Pois é o desespero que ela evita.
Se, antes de casar com o conde Páris,
Você tem forças para se matar,
Então creio que há de enfrentar bem
Morte falsa que evita essa vergonha.
Se pra escapar pensava em se matar,
Se quiser arriscar, dou-lhe o remédio.

JULIETA Ah, mande-me saltar, pra não casar,
Da mais alta das torres, ou andar
No meio de bandidos, ou pisar
Em serpentes. Acorrente-me a ursos,
Esconda-me de noite num ossário,

Repleto de esqueletos de mil mortos,
Pedaços fedorentos ou caveiras;
Ou peça-me que eu entre em tumba nova
Pra esconder-me com alguém numa mortalha —
Outrora tudo isso me assustava —
Mas hoje o faço sem temor ou dúvida,
Pra manter-me fiel ao meu amor.

FREI
Pois vá pra casa alegre, e diga sim,
Que aceita Páris. Amanhã é quarta;
Pois à noite, amanhã, durma sozinha,
Não permita que a Ama a acompanhe.
Tome este vidro e, quando já deitada,
Tome o líquido todo que contém.
Sentirá logo correr por suas veias
Um gélido torpor, pois o seu pulso
Não bate mais, por ser então suspenso:
Nem calor nem arfar mostrarão vida.
A rosa de seus lábios vai sumir,
Virando cinza, e a janela dos olhos
Se fechará ao dia, como em morte,
Com esse falso aspecto de cadáver
Vai aparentar a frieza da morte;
Você há de manter-se por dois dias,
Pra depois despertar, como de um sono.
Quando o noivo chegar, pela manhã,
Pra tirá-la da cama, a verá morta;
E segundo os costumes do país,
Com seu melhor vestido e descoberta,
Será levada pra capela antiga
Na qual repousam sempre os Capuletos.
No meio-tempo, e antes que desperte,
Romeu, por carta minha, é informado
E, assim que chegue, juntos — ele e eu —
Iremos acordá-la. E nessa noite
Romeu há de levá-la para Mântua,
Livrando-a da vergonha deste instante,

	Se tolice ou temores femininos Não a impedem de o levar avante.
Julieta	Oh, dê-me o vidro, e não me fale em medo.
Frei	Tome aqui. Vá. E seja resoluta Na decisão. Despacho logo um frade Para Mântua, com carta para Romeu.
Julieta	Deus me dê forças, para o amparo meu. Adeus, meu pai. (*Saem.*)

Cena II

	(*Entram Capuleto, a senhora Capuleto, a Ama e dois ou três criados.*)
Capuleto	Convide aqueles que escrevi aqui. (*Sai o 1º criado.*) Rapaz, contrate vinte cozinheiros.
Criado	E serão todos bons, pois vou saber se são de bom tempero.
Capuleto	E como vai saber?
Criado	Ora, todo cozinheiro mete a mão no que faz; o que não lamber os beiços com prazer depois de lamber o dedo é porque não é bom.
Capuleto	Vá logo. (*Sai o 2º criado.*) O dia nos pegou desprevenidos. A minha filha 'stá com Frei Lourenço?
Ama	Acho que sim.
Capuleto	Pois espero que ele lhe dê jeito; O que fez foi bobagem caprichosa.
	(*Entra Julieta.*)
Ama	Veja como ela voltou da confissão com cara boa.
Capuleto	Cabeçudinha, onde andou passeando?

JULIETA Onde aprendi a lamentar o erro
Do pecado da desobediência
Ao senhor e aos seus desejos. Mandou-me
O Frei Lourenço que aqui me prostrasse
Para implorar perdão. Perdão eu peço;
Doravante farei tudo o que manda.

(*Ela se ajoelha.*)

CAPULETO Chamem o conde, pra avisá-lo disso.
Amanhã de manhã ata-se o nó.

JULIETA Encontrei o jovem nobre na igreja,
E tratei-o com o amor que me era possível
Sem ferir os limites da modéstia.

CAPULETO Estou contente. Muito bem. Levante-se.
É assim que deve ser. Direi ao conde.
Virgem Mãe! Vão buscá-lo logo, logo.
Por Deus que ao nosso reverendo frade
Nossa cidade inteira é devedora.

JULIETA Ama, quer vir comigo pro meu quarto,
Ajudar-me a escolher os ornamentos
Que lhe pareçam certos pra amanhã?

SRA. CAP. Mas não, é só na quinta; há muito tempo.

CAPULETO Vá ajudá-la; amanhã vai pro altar.

(*Saem Julieta e a Ama.*)

SRA. CAP. Vai haver falta em nossas provisões;
Já são quase oito horas.

CAPULETO Deixe estar;
Garanto que tudo correrá bem.
Vá ajudar a enfeitar Julieta.
Hoje eu não deito; fico aqui sozinho.
Dona de casa desta vez sou eu.
Olá! 'Stão todos ocupados. Bem,
Vou alertar eu mesmo o conde Páris
Para amanhã. Meu coração 'stá leve
Com o ar arrependido da menina.
(*Saem.*)

Cena III

(*Entram Julieta e a Ama.*)

JULIETA
Esse é o mais bonito. Ama querida,
Quero ficar sozinha hoje de noite,
Pois necessito muito de orações
Para implorar ao céu que me sorria
Embora eu, como sabe, peque tanto.

(*Entra a senhora Capuleto.*)

SRA. CAP.
Mas quanta agitação! Querem ajuda?

JULIETA
Não, senhora; já separamos tudo
Que calha bem ao ato de amanhã.
Eu peço que me deixe só, agora,
E leve a Ama para acompanhá-la.
Pois 'stou certa que está muito ocupada
Com a festa inesperada.

SRA. CAP.
Boa noite.
Vá deitar-se e descanse, pois precisa.

(*Saem a senhora Capuleto e a Ama.*)

JULIETA
Adeus! Quando de novo nos veremos?
Sinto o medo correndo em minhas veias,
Congelando o calor da minha vida.
Vou chamá-las de volta, a confortar-me.
Ama! Que poderá fazer aqui?
Esta cena de horror é só pra mim.
Vem, frasco.
E se a mistura não agir de todo?
Terei de me casar pela manhã?
Não! Isto o impedirá. Deita-te ali.
(*Deposita o punhal na cama.*)
E se for um veneno este que o frade
Sutilmente me deu, e irá matar-me,
Pra não perder a honra desta boda,

Já que antes me casou com o meu Romeu?
Tenho medo que sim; mas não o creio,
Pois ele sempre foi um homem santo.
E se depois de ser posta no túmulo
Eu me acordar muito antes que Romeu
Venha buscar-me? Isso me apavora!
Morrerei sufocada no jazigo
Em cuja boca o ar puro não penetra,
Sem poder respirar e sem Romeu?
Ou, se ainda viver, não é provável
Que a ideia da morte, nessas trevas,
Junto ao terror que inspira esse lugar,
Sepultura terrível onde moram
Os ossos que por séculos e séculos
Minha família foi depositando;
Onde Teobaldo, recém-enterrado,
Jaz em sua mortalha apodrecendo;
Onde dizem que à noite, em negras horas,
Surgem fantasmas... Ai, não é provável
Que eu, acordando em meio a esses cheiros
De morte e aos guinchos rudes das mandrágoras,
Que fazem os mortais enlouquecerem —
Não é provável que eu me torne louca,
Cercada desses medos pavorosos?
Que eu brinque com os ossos desses mortos,
Ou que tire Teobaldo da mortalha?
E no delírio vá, em desespero,
Despedaçar meu cérebro entre os ossos?
Vejam só o fantasma de meu primo
Procurando Romeu, que o assassinou
Com a ponta de um punhal. Para, Teobaldo!
Romeu, Romeu, é por você que eu bebo!

(*Ela cai na cama, atrás do cortinado.*)

Cena IV

(*Entram a senhora Capuleto e a Ama.*)

SRA. CAP. Precisamos de mais temperos, Ama.

AMA Querem marmelo e passas para as tortas.

(*Entra Capuleto.*)

CAPULETO Vamos! Depressa! O galo já cantou!
O recolher soou; já são três horas.
Fica de olho nessa carne, Angélica:
Nada de economias.

AMA Vá, patrão;
Vá deitar. Amanhã vai 'star doente,
Rodando a noite inteira.

CAPULETO Já passei muitas noites sem dormir
Por muito menos, sem ficar doente.

SRA. CAP. Sua vez de caçar ratos já passou;
Mas eu vou vigiar essa vigília.

(*Saem a senhora Capuleto e a Ama.*)

CAPULETO Isso é ciúme; é ciúme!
(*Entram três ou quatro criados com espetos, lenha e cestas.*)
O que é isso?

1º CRIADO É pra cozinha; não sei o que é.

CAPULETO Pois vá depressa!
(*Sai o 1º Criado.*)
Vá pegar mais lenha!
Pedro, mostra onde é que fica a seca.

2º CRIADO Minha cabeça dá pra encontrar lenha.
Eu não preciso incomodar o Pedro.

CAPULETO É bem esperto esse filho da mãe.
Um cabeça de pau!
(*Sai o 2º Criado.*)
Mas já é dia!
(*Tocam música.*)

O conde vai chegar já, já, com música,
Pois assim disse. Já o ouço, agora.
Ama! Mulher! Olá! Venha cá, Ama!
(*Entra a Ama.*)
Vá acordar e enfeitar Julieta;
Eu vou falar com Páris. Vá depressa,
Depressa, porque o noivo já chegou.
Vá depressa!

(*Saem Capuleto e um Criado.*)

Cena V

(*A Ama vai abrir o cortinado da cama.*)

AMA — Patroa! Julieta! Inda dormindo?
Carneirinho! Noivinha! Preguiçosa!
Sempre calada? Ainda cochilando?
Pois descanse, porque, logo de noite,
Eu garanto que Páris vai lutar
Pra não lhe dar descanso! Deus o ajude!
Valha o céu! Mas que sono mais profundo!
Eu tenho de acordá-la. Patroinha!
Se o conde vem e a pega aqui na cama,
Você vai ter um susto. Se não vai!
Mas o que é isso, se deitou vestida?
É preciso acordar! Minha senhora!
Ai, ai! Socorro! A patroa está morta!
Maldito o dia em que eu nasci! Socorro!
Aqua vitae! Ai, ai, patrão! Senhora!

(*Entra a senhora Capuleto.*)

SRA. CAP. — Mas que barulho é esse?

AMA — Ah, dia triste!

SRA. CAP. — O que foi?

AMA — Veja, veja! Ah, dia horrível!
SRA. CAP. — Ai de mim! Minha filha, minha vida!
Reviva e abra os olhos, ou eu morro!
Socorro! Quem me ajuda?

(*Entra Capuleto.*)

CAPULETO — Que atraso é esse? Páris já chegou.
AMA — Ela 'stá morta! Morreu! Dia aziago!
SRA. CAP. — Ai de mim, ela está morta! 'Stá morta!
CAPULETO — O quê? Deixem-me vê-la. Ela está fria.
O sangue está parado, as juntas duras;
Há muito que esses lábios não têm vida.
A morte, qual geada, pousou nela,
Na flor mais linda que os campos já viram.
AMA — Mas que dia aziago!
SRA. CAP. — Que tristeza!
CAPULETO — A morte que me fez gritar de dor
Me prende a língua e tira-me as palavras.

(*Entra Frei Lourenço, com Páris e os músicos.*)

FREI — Como é? A noiva está pronta pra igreja?
CAPULETO — Pronta pra ir, mas nunca pra voltar.
Filho, na noite antes do casamento,
Deitou-se a Morte com a noiva. 'Stá ali
Uma flor deflorada pelo além.
Meu genro é a Morte. A Morte é meu herdeiro.
Minha filha a desposou. Morrerei
E deixarei tudo para a Morte.
PÁRIS — Esperei tanto por esta manhã
E me deparo com um quadro desses?
SRA. CAP. — Oh, dia horrível, infeliz, maldito!
Hora pior que todas que este mundo
Já viu em sua peregrinação.
Uma filha, uma só, a pobrezinha,
Minh'única alegria, meu conforto,
Me foi tirada pela Morte cruel.

AMA
Miséria! Dia triste, dia odioso!
Oh dia lamentável, triste, triste!
O pior que já vi em toda a vida.
Oh dia de terror, dia de ódio!
Jamais houve outro dia negro assim.
Ah, dia de tristeza, de tristeza.

PÁRIS
Enganado, ofendido, divorciado.
Morte odienta, por ti fui enganado,
Derrotado por tua crueldade.
Amor! Vida! Não vida, amor na morte!

CAPULETO
Desprezado! Odiado! Sim, e morto!
Tempo infeliz, por que chegaste agora
Pr'assassinar nossa solenidade?
Minha filha! Mais que filha, minh'alma!
'Stá morta, ai, ai, morreu a minha filha!
E com ela se enterra a alegria.

FREI
Mas o que é isso? A cura do terror
Não 'stá em mais terror. O céu e vós
Tinham partes iguais nessa donzela;
E se agora ela é toda do céu,
Para a donzela isso é um bem maior.
A vossa parte perde-se com a morte,
Mas o céu tem a sua para sempre.
O vosso esforço foi aprimorá-la.
Pois vosso céu era vê-la importante;
E agora vós chorais vendo-a ganhar
O próprio céu, para além dessas nuvens?
Amar assim é mal amar a filha,
Enlouquecendo ao vê-la assim tão bem.
Não casa bem quem casa muito tempo;
Casa melhor quem casa e morre cedo.
Secai o pranto e cobri com rosmaninho
Seu corpo lindo e como manda o uso,
Levai-a à tumba com as melhores vestes.
Mentes tolas nos dizem pra chorar,
Mas do pranto a razão tem de ganhar.

CAPULETO Tudo aquilo pra festa encomendado
Agora em funeral é transformado:
Nossa música em dobre melancólico,
Nossa boda feliz em triste enterro,
Nossos hinos agora são lamentos,
Nossas grinaldas hoje são coroas
E tudo transformou-se em seu contrário.

FREI Entrai, senhor; e vós, minha senhora.
Vá, senhor Páris. Aprontai-vos todos
Para levar à cova a linda morta.
O céu vos pune por alguma falta;
Não se contesta vontade tão alta.

(*Saem todos menos a Ama e os músicos, ela cobrindo Julieta com rosmaninho e fechando o cortinado.*)

1º MÚSICO Melhor guardar a flauta e ir embora.

AMA Vocês são bons rapazes; guardem tudo,
Pois já viram que o caso é muito triste.

1º MÚSICO Como as flautas, o caso 'stá encerrado.

(*Sai a Ama.*)

(*Entra Pedro.*)

PEDRO Músicos, música! "Alegrias do coração!" "Alegrias do coração!" Se querem que eu viva, toquem "Alegrias do coração!"

1º MÚSICO Mas por que "Alegrias do coração"?

PEDRO Ah, músicos, porque sozinho meu coração só está tocando "Tristezas do coração". Por favor, toquem qualquer bobagem alegre para me confortar.

1º MÚSICO Bobagem nós não tocamos! Menos ainda em horas como esta.

PEDRO Então não tocam?

1º MÚSICO Não.

PEDRO Pois vão acabar sentindo o meu toque!

1º Músico	E que toque vai nos dar?
Pedro	Em dinheiro não tocam; só em couro; toco pra fora como saltimbancos ordinários.
1º Músico	Quem, você? Um criado ordinário?
Pedro	Pois vai sentir minha adaga ordinária na cabeça. Eu vou do-ré-mi vocês; pode notar.
1º Músico	Se nos mi-fá, vai receber nossas notas.
2º Músico	Melhor guardar a faca e usar o bestunto.
Pedro	Vou liquidá-los com uma bestuntada. Dou-lhes uma surra com bestunto de ferro, e descanso o ferro da faca. Falem feito homem. *Quando a dor o nosso coração maltrata* *E a tristeza nos vem oprimir a mente,* *Então a música com seu som de prata...* Por que som de prata? Por que "a música com seu som de prata"? O que diz, Simão Viola?
1º Músico	Ora, é que a prata tem um som bem bonito.
Pedro	Muito bem. E você, Hugo Rabeca?
2º Músico	Eu digo que é "som de prata" porque os músicos tocam por prata.
Pedro	Bom, também. E João do Grito?
3º Músico	Eu não sei o que dizer.
Pedro	É mesmo! Você é cantor. Mas eu explico. É "música com som de prata" porque os músicos não ganham ouro pra tocar. *Quando a música com seu som de prata* *Ajuda a curar tudo de repente.* (*Sai.*)
1º Músico	Mas que sujeito mais pestilento.
2º Músico	Que vá se enforcar. Vamos, temos de esperar pelos que choram e pelo jantar. (*Saem.*)

Ato V
Cena I

(Entra Romeu.)

ROMEU
Se o otimismo do sono é confiável,
Meus sonhos me predizem boas novas.
O senhor do meu peito bate alegre
Em seu trono, feliz — que é coisa rara —
E o pensamento voa com esperanças.
Sonhei que o meu amor me achava morto —
Com a licença do sonho, o morto pensa! —
E com seus lábios me insuflou tal vida,
Que eu revivi e era imperador.
Deus, que doce há de ser o amor em si,
Se a sua sombra nos faz tão felizes.
(Entra Baltasar, criado de Romeu, de botas.)
Notícias de Verona! Baltasar!
Trouxe carta pra mim de Frei Lourenço?
Como está minha dama? E o meu pai?
Como está Julieta? Sim de novo,
Pois não há mal se ela estiver bem.

BALTASAR
Então ela está bem, e não há mal.
Seu corpo jaz na tumba Capuleto,
E sua parte imortal está com os anjos.
Eu a vi sepultada com os parentes,
E logo cavalguei para encontrá-lo.
Peço perdão por lhe trazer tristeza,
Mas se eu sou correio é por suas ordens.

ROMEU
Verdade? Então eu desafio os astros!
Leve papel e tinta à minha casa,
E cavalos, também. Parto esta noite.

BALTASAR
Meu senhor, eu peço, seja paciente;
A sua louca palidez sugere
Algum desastre.

ROMEU Isso é engano seu.
Deixe-me, e vá fazer o que eu pedi.
O frade não mandou nenhuma carta?
BALTASAR Não, senhor.
ROMEU Não importa; pode ir.
Veja os cavalos, que eu o encontro já.
(*Sai Baltasar.*)
Julieta, hoje eu durmo com você.
Vamos ver como. A maldade penetra
Veloz na mente do desesperado.
Eu me lembro que há um boticário
Que mora por aqui — há pouco o vi,
Em andrajos, com o ar preocupado,
Catando ervas. Com o aspecto esquálido,
Sua miséria lhe exibia os ossos.
Em sua loja pendem tartarugas,
Jacarés empalhados, outras peles
De estranhos peixes; e, nas prateleiras,
Uma fila de caixas já vazias,
Potes, bexigas e sementes secas,
Pedaços de barbantes, rosas secas,
Se espalham para disfarçar o quadro.
Notando essa penúria, pensei eu:
"Se alguém, agora, quisesse um veneno
Proibido com morte aqui em Mântua,
Esse é o infeliz que o poderia obter."
Prenunciava esta necessidade!
Pois ele há de vender-me o que eu preciso.
Parece-me que é esta a casa dele.
É feriado; a loja está fechada.
Boticário! Onde está?

(*Entra o Boticário.*)

BOTICÁRIO Quem grita assim?
ROMEU Venha cá, homem. Sei que não tem nada;
Eis quarenta ducados pra me dar

Um pouco de veneno, coisa rápida,
Que se espalhe por veias e artérias
E faça quem o tomar cair morto,
E o hálito fugir de tronco e membros
Com a violência e a velocidade
Que a bala sai do ventre do canhão.

BOTICÁRIO Tenho a droga mortal, porém as leis
Dão morte para quem a fornecer.

ROMEU E você, tão coberto de desgraças,
Teme morrer? O seu rosto é de fome;
Pobreza e opressão comem seus olhos;
Desprezo e mendicância é que o vestem;
As leis do mundo não lhe têm amor:
Nenhuma lei do mundo o fará rico;
Pois, pobre, quebre a lei e aceite isto.

BOTICÁRIO Consinto por pobreza, não vontade.

ROMEU Eu não pago a vontade, só a pobreza.

BOTICÁRIO Desmanche este veneno em qualquer líquido.
Tome-o, e até com a força de mais vinte,
Ele o despacha no mesmo momento.

ROMEU Eis o seu ouro, um veneno pra alma
Que mata muito mais por este mundo
Que este pó, que ninguém pode vender.
Você comprou veneno, não vendeu;
Adeus, compre comida e ganhe peso.
Eu não comprei veneno, comprei cura;
E bebo ao meu amor, na sepultura. (*Saem.*)

Cena II

(*Entra Frei João.*)

FREI JOÃO Bendito franciscano! Irmão! Olá!

(*Entra Frei Lourenço.*)

FREI Parece-me que é a voz de Frei João.

Chegou de Mântua? O que diz Romeu?
Ou, se escreveu, dê-me aqui sua carta.

FREI JOÃO — Eu procurei um outro irmão descalço,
Da nossa Ordem, para ir comigo,
Que aqui viera visitar doentes.
Ao encontrá-lo, a guarda da cidade,
Pensando que nós tínhamos estado
Onde grassava a peste infecciosa,
Selou a porta e nos prendeu lá dentro;
E ali parou minha ida para Mântua.

FREI — Quem levou minha carta pra Romeu?

FREI JOÃO — Eu não pude mandá-la — aqui está —
E nem tampouco trazê-la de volta,
Tamanho era o seu medo da infecção.

FREI — Mas que infortúnio! Pela minha ordem,
A carta era mais séria que um recado;
Muito importante, o fracasso na entrega
É muito perigoso. Frei João,
Arranje um pé de cabra e traga logo
À minha cela.

FREI JOÃO — Eu vou e volto. (*Sai.*)

FREI — Tenho de ir sozinho ao monumento.
Em três horas Julieta estará desperta;
Vai zangar-se demais porque Romeu
Não chegou a saber do acontecido.
Vou escrever de novo para Mântua;
Ela espera Romeu na minha cela —
Morta-viva na tumba, pobre dela. (*Sai.*)

Cena III

(*Entram Páris e seu pajem, com flores e água perfumada.*)

PÁRIS — Dê-me a tocha. Vá embora e fique longe.
É melhor apagar, pr'eu não ser visto.

Fica parado ali, perto das árvores;
Mas atenção, e ouvido no chão,
Pra que não pise alguém no cemitério
Cujo chão, tão cavado, é leve e solto —
Sem que o ouças. Dê um assovio
Pra sinal, quando alguém 'stiver chegando.
Dê-me as flores; só faça o que mandei.

PAJEM — Tenho até medo de ficar sozinho
No cemitério. Mas vou me arriscar.

(*Afasta-se.*)

(*Páris cobre o túmulo com flores.*)

PÁRIS — Flores pro leito dessa noiva em flor.
Ai, ai, o seu dossel é pó e pedra,
Que eu regarei com água a cada noite,
Ou então com meu pranto e meus suspiros.
Meu pranto toda noite se renova,
Cobrindo eu com flores sua cova.
(*O Pajem assovia.*)
Esse é o aviso que vem vindo alguém;
Que pé maldito vem cá esta noite,
Cortando o rito deste meu lamento?
Com uma tocha? Noite, então oculta-me.

(*Páris se afasta.*)

(*Entram Romeu e Baltasar, com tocha, picareta e pé de cabra.*)

ROMEU — Dê-me aqui a picareta e o pé de cabra.
Tome aqui esta carta. De manhã
Vá entregá-la a meu senhor e pai.
Dê-me a luz. Pela minha vida eu peço,
Fique longe, não importa o que aconteça,
Nem me interrompa no que vou fazer.
Em parte eu desço a esse leito de morte

Só para ver o rosto de quem amo;
Porém ainda mais pra retirar
De seu dedo um anel que necessito
Pr'algo importante. Assim sendo, vá embora.
Se chegar perto para espionar,
Só pra saber que mais eu vou fazer,
Juro por Deus que eu o estraçalho,
Cobrindo o cemitério com os pedaços;
Este momento é só de desespero,
'Stou mais feroz e tão mais implacável
Que o tigre magro ou o rugido do mar.

BALTASAR Eu 'stou indo, e não venho perturbá-lo.

ROMEU É gesto de amizade. Tome isto.
Viva e prospere. Agora adeus, rapaz.

BALTASAR Mesmo assim, eu me escondo por aqui;
Temo sua intenção, pelo que ouvi.

(*Baltasar afasta-se.*)

ROMEU Goela odiosa, útero da morte,
Repleta com o melhor que há na terra,
Assim eu forço a sua boca a abrir-se
E a obrigo a engolir mais alimento.
(*Romeu abre a tumba.*)

PÁRIS Esse é o maldito Montéquio banido,
Que assassinou o primo de Julieta —
Razão, segundo dizem, de sua morte.
E ei-lo aí, pr'algum ato vergonhoso
Com seus corpos. Vou interceptá-lo.
Pare o seu ato sujo, vil Montéquio:
Vingança segue para além da morte?
Maldito condenado, aqui o prendo.
Obedeça-me logo, pra morrer.

ROMEU Pois foi para morrer que vim aqui.
Meu jovem, não provoque o desespero.
Fuja daqui. Pense um pouco nos mortos;
Permita que o assustem; eu lhe imploro,

Não force outro pecado a me pesar,
Provocando-me a fúria. Vá-se embora.
Juro que o amo mais do que a mim mesmo,
Pois 'stou aqui armado contra mim.
Não fique, parta, fuja pra dizer
Que a piedade de um louco o fez viver.

PÁRIS — Desafio a sua jura;
E aqui o prendo por ser criminoso.

ROMEU — Ainda me provoca? Venha, então!

(*Lutam.*)

PAJEM — Estão lutando, e eu vou chamar a guarda.

(*Sai o Pajem.*)

PÁRIS — Eu estou morto; ai, se tem piedade,
Põe-me na tumba, ao lado de Julieta.

(*Páris morre.*)

ROMEU — Assim farei; deixe-me ver seu rosto.
O primo de Mercúcio, o nobre Páris.
Que disse o pajem quando, alma tonta,
Não lhe dava atenção? Creio que disse
Que Páris ia casar com Julieta.
Não disse isso? Ou será que sonhei?
Fiquei louco, ao falar de Julieta,
E pensei que foi isso? Dê-me a mão,
Inscrita como a minha no infortúnio.
Hei de enterrá-lo em cova triunfal.
Cova? Não; junto a um esplendor de luz,
Pois jaz aqui Julieta; e sua beleza
Faz desta tumba festa luminosa.
Morte, deita-te aí, junto a esse morto.
Quantas vezes, logo antes de morrer,
Um homem fica alegre? É o que chamam
De fagulha mortal. E será isto
Tal fagulha? Meu amor, minha esposa,

A morte, que sugou-lhe o mel dos lábios,
Inda não conquistou sua beleza.
Não triunfou. A flâmula do belo
Inda é rubra em seus lábios e seu rosto,
E a morte branca não tremula neles.
Teobaldo, 'stás aí, banhado em sangue?
Que honraria mais posso eu prestar-te,
Que, co'a mão que ceifou-te a juventude,
Cortar a de quem foi teu inimigo?
Primo, perdão. Querida Julieta,
Por que tão bela ainda? Devo crer
Que a morte etérea está apaixonada,
E o esquelético monstro a prende aqui
Pra, neste escuro, ser a sua amada?
Só por medo que sim aqui eu fico,
E jamais do negror deste palácio
Hei de partir. Aqui sempre estarei,
Com seu criados vermes. Aqui mesmo
Eu hei de repousar por todo o sempre,
E libertar da maldição dos astros
A carne exausta. Olhos, um olhar.
Braços, o último abraço! E vós, ó lábios,
Portal do alento, selai com este beijo
Pacto eterno com a Morte insaciável.
Vem, meu caminho amargo, insosso guia.
Piloto insano atira neste instante
Contra as rochas a barca desgastada.
Ao meu amor! (*Bebe.*) Honesto boticário,
Rápida é a droga. E assim, com um beijo, eu morro.

(*Cai.*)

(*Entra Frei Lourenço, com lanterna, pé de cabra e pá.*)

FREI São Francisco me ajude! Quantas vezes
Tropecei esta noite em sepulturas.
Quem está aí?

BALTASAR Um amigo, alguém que conheces bem.

FREI Deus o abençoe. Diga aqui, amigo,
Que fraca luz é aquela que ilumina
Ossadas e caveiras? Me parece
Que vem do mausoléu dos Capuletos.

BALTASAR É de lá mesmo. 'Stá lá o meu senhor,
A quem tanto aprecia.

FREI Quem?

BALTASAR Romeu.

FREI 'Stá lá há quanto tempo?

BALTASAR Meia hora.

FREI Vamos à tumba.

BALTASAR Não senhor. Não ouso.
Meu amo pensa que eu fugi daqui,
E até me ameaçou de me matar
Se eu olhasse pro que 'stá fazendo.

FREI Pois bem, eu vou sozinho. Estou com medo
De acontecer uma infelicidade.

BALTASAR Enquanto eu cochilava neste canto,
Sonhei que o amo e um outro cavalheiro
Lutavam e o meu amo o assassinava.

(*Frei Lourenço se inclina, vê sangue e espadas.*)

FREI Romeu! Que sangue é esse aqui que mancha
A pedra do portal deste sepulcro?
E o que são essas lâminas sem dono,
Rubras assim neste local de paz?
Romeu, pálido assim, e também Páris?
Afogados em sangue? Que hora má
É culpada de fatos como esse?
Ela se move.

(*Julieta se levanta.*)

JULIETA Meu frade amigo, onde está meu senhor?
Lembro-me bem de onde devo estar,
E aqui estou. Onde está meu Romeu?

FREI — Ouço ruídos. Saia logo, amiga,
Deste ninho de morte, de contágio,
E de sono anormal. Poder maior
Do que podemos superar derrota
As nossas intenções. Vamos embora.
A seus pés seu marido caiu morto;
Páris também. Eu lhe darei destino
Em casa santa de religiosas.
Nada pergunte agora; a guarda chega.
Vamos, Julieta. Eu não ouso ficar.

JULIETA — Pois pode ir. Eu não vou me afastar.
(*Sai Frei Lourenço.*)
Que prende o meu amor em sua mão?
Um veneno lhe deu descanso eterno.
Malvado! Nem sequer uma gotinha
Para eu segui-lo? Vou beijar-lhe os lábios;
Talvez que neles reste algum veneno
Que me restaure a minha antiga morte.
(*Beija-o.*)
Que lábios quentes!

GUARDA — Por onde, rapaz?

JULIETA — Quem é? Depressa! Ah, lâmina feliz!
Enferruja em meu peito, pra que eu morra!
(*Ela se apunhala e cai.*)

(*Entram o Pajem e guardas.*)

PAJEM — É aqui. Veja a tocha, ali, queimando.

1º GUARDA — Há sangue aqui no chão. Procurem fora;
Vão logo e prendam todos que encontrarem.
(*Saem alguns guardas.*)
Que quadro horrível! Eis o conde, morto,
Julieta sangrando e recém-morta,
Tendo sido enterrada há já dois dias.
Vão chamar os Montéquios. Deem busca!
(*Saem alguns guardas.*)
Neste chão jazem todas essas dores,

Mas a base de tanto sofrimento
Só saberemos com explicações.

(*Entram vários guardas, com Baltasar.*)

2º GUARDA Lá fora estava o pajem de Romeu.
1º GUARDA Segure-o até o príncipe chegar.

(*Entram outros guardas com Frei Lourenço.*)

3º GUARDA Eis um frade que, arfante, treme e chora;
Tiramos dele a pá e a picareta,
Quando o vimos sair do cemitério.
1º GUARDA Muito suspeito. Prenda-o também.

(*Entra o Príncipe, com séquito.*)

PRÍNCIPE Que mal já nos desperta assim tão cedo,
Cortando o nosso sono matinal?

(*Entram Capuleto e a senhora Capuleto, com criados.*)

CAPULETO O que é que todos gritam por aí?
SRA. CAP. Nas ruas há quem grite só "Romeu",
Outros, "Julieta", "Páris". Todos correm
Como loucos pro nosso mausoléu.
PRÍNCIPE Que medo é esse, que assim nos assusta?
1º GUARDA Senhor, eis ali, morto, o conde Páris,
Romeu, morto, e Julieta, morta antes,
Morreu mais uma vez e inda 'stá quente.
PRÍNCIPE Tais mortes têm de ser esclarecidas.
1º GUARDA Eis um frade e um pajem de Romeu,
Ambos com ferramentas para abrir
As tumbas desses mortos.
CAPULETO Veja, mulher: Julieta 'stá sangrando!
A faca se enganou, pois sua casa,
Que está vazia nas costas de Montéquio,
Por erro afundou no seio dela.
SRA. CAP. Esse quadro pra mim é como um sino
Que me chama a velhice para a tumba.

(*Entra Montéquio com criados.*)

PRÍNCIPE Vinde, Montéquio, cedo levantado,
Ver vosso filho cedo aqui caído.

MONTÉQUIO Ai, ai, senhor, perdi hoje a esposa;
O exílio do filho a sufocou.
Que outra dor inda ataca este velho?

PRÍNCIPE Olhai, que haveis de ver.

MONTÉQUIO Mal-educado! Que modos são esses,
A ir na minha frente para a cova?

PRÍNCIPE Calem-se os ultrajados um pouco,
Até que esclareçamos tais enigmas
E, conhecendo-lhes causas e fontes,
Aqui possamos comandar a dor,
E guiar-vos — talvez até pra morte.
Até então que a paciência impere.
Trazei aqui, agora, os dois suspeitos.

FREI Sou deles o maior e o menos apto;
Porém o mais suspeito porque tudo,
Lugar e hora, fala contra mim,
No caso desse vil assassinato.
Aqui 'stou pr'acusar e defender,
Eu mesmo condenado e perdoado.

PRÍNCIPE Diga, então, que sabe do ocorrido.

FREI Eu serei breve; a vida que me resta
Não dá para relatos tediosos.
Romeu, aqui, casou-se com Julieta;
Ela, ali morta, é sua fiel esposa.
Eu os casei, e o dia dessas bodas
Foi fatal pra Teobaldo, cuja morte
Fez o noivo exilar-se da cidade.
Por ele, não por Teobaldo, ela chorava;
Os senhores, pra aliviar-lhe a dor,
Tentaram obrigá-la a se casar
Com o conde Páris. Ela então buscou-me.
E em desespero implorou por meio
De livrar-se de novo matrimônio;

Se não, matava-se, na minha cela.
Então dei-lhe — segundo a minha arte —
Uma droga pro sono, que operou
Co'o esperava, pois a encobriu
Com o aspecto da morte. Nesse meio-tempo
Escrevi a Romeu prà que viesse
Aqui, nesta noite apavorante,
Pr'a judar-me a tirá-la dessa tumba
Quando cessasse o efeito do veneno.
No entanto, o portador de minha carta
Infelizmente nunca chegou lá.
E devolveu-me ontem a missiva.
Sozinho, pois, na hora de acordar,
Vim eu para tirá-la do jazigo,
No intento de guardá-la em minha cela
Até poder mandar chamar Romeu.
Porém quando cheguei, quase na hora
De ela acordar, jaziam já aqui
O nobre Páris e o fiel Romeu.
Ela desperta; eu peço-lhe que fuja
E aceite com paciência o ato do céu.
Nesse momento um ruído assustou-me,
Ela não quis sair; desatinada,
Ao que parece agiu contra si mesma.
Isso é o que sei. Da boda, a Ama sabe;
E se algo nessa trama não foi bem
Por minha causa, que esta velha vida
Vá antes de seu tempo ao sacrifício,
Segundo o alto rigor das suas leis.

PRÍNCIPE
A sua fama sempre foi de santo.
O que declara o pajem de Romeu?

BALTASAR
Contei ao amo a morte de Julieta;
E ele veio de Mântua num galope,
Vindo direto para o mausoléu.
Disse pr'eu dar esta carta a seu pai

Pela manhã, e ameaçou matar-me
Se não me fosse e o deixasse só.

PRÍNCIPE Dê-me a carta, pra que eu a examine.
Aonde está o criado do conde
Que foi chamar a guarda? Diga-me agora:
O que queria o conde morto aqui?

PAJEM Trazia flores pra tumba da noiva,
E disse pr'eu ficar bem afastado.
Chegou um outro para abrir a tumba,
E meu amo, depois, lutou com ele.
Então corri para chamar a guarda.

PRÍNCIPE O que o frade narrou está na carta:
O seu amor, a notícia da morte,
E diz que ia comprar certo veneno
De um pobre boticário e que, com ele,
Viria aqui, pra morrer com Julieta.
Onde estão esses dois inimigos?
Capuleto e Montéquio, vede aqui
Que maldição recai em vosso ódio,
Pro céu matar, com amor, vossa alegria.
E eu, por não sustar vossa disputa,
Perdi dois primos. Todos são punidos.

CAPULETO Irmão Montéquio, dai-me a vossa mão
É este o dote que traz minha filha;
Nada mais posso dar.

MONTÉQUIO Pois posso eu.
Farei por ela estátua de ouro puro.
Enquanto esta cidade for Verona
Não haverá imagem com o valor
Da de Julieta, tão fiel no amor.

CAPULETO Romeu, em ouro, estará a seu lado,
Que o ódio foi também sacrificado.

PRÍNCIPE Uma paz triste esta manhã traz consigo;
O sol, de luto, nem quer levantar.
Alguns terão perdão, outros castigo;

Sobre o autor

William Shakespeare (26 de abril de 1564 - 23 de abril de 1616) foi um poeta e dramaturgo inglês, considerado o maior escritor do idioma inglês e o mais influente dramaturgo do mundo. É chamado frequentemente de poeta nacional da Inglaterra e de "Bardo do Avon" (ou simplesmente *The Bard*, "O Bardo"). De suas obras, restaram até os dias de hoje 38 peças, 154 sonetos, dois longos poemas narrativos e diversas outras composições em versos. Suas peças foram traduzidas para os principais idiomas e são encenadas mais do que as de qualquer outro dramaturgo. Muitos de seus textos e temas, especialmente os do teatro, permaneceram vivos, sendo revisitados com frequência pelo teatro, televisão, cinema e literatura. Entre suas obras mais conhecidas estão *Romeu e Julieta*, que se tornou a história de amor por excelência, e *Hamlet*, que possui uma das frases mais conhecidas da língua inglesa: *To be or not to be: that's the question* (Ser ou não ser, eis a questão).

Conheça os títulos da

Coleção Clássicos para Todos

A Abadia de Northanger – Jane Austen
A arte da guerra – Sun Tzu
A revolução dos bichos – George Orwell
Alexandre e César – Plutarco
Antologia poética – Fernando Pessoa
Apologia de Sócrates – Platão
Auto da Compadecida – Ariano Suassuna
Como manter a calma – Sêneca
Do contrato social – Jean-Jacques Rousseau
Dom Casmurro – Machado de Assis
Feliz Ano Novo – Rubem Fonseca
Frankenstein ou o Prometeu moderno – Mary Shelley
Hamlet – William Shakespeare
Manifesto do Partido Comunista – Karl Marx e Friedrich Engels
Memórias de um sargento de milícias – Manuel Antônio de Almeida
Notas do subsolo & O grande inquisidor – Fiódor Dostoiévski
O albatroz azul – João Ubaldo Ribeiro
O anticristo – Friedrich Nietzsche
O Bem-Amado – Dias Gomes
O livro de cinco anéis – Miyamoto Musashi
O pagador de promessas – Dias Gomes
O Pequeno Príncipe – Antoine de Saint-Exupéry
O príncipe – Nicolau Maquiavel
Poemas escolhidos – Ferreira Gullar
Rei Édipo & Antígona – Sófocles
Romeu e Julieta – William Shakespeare
Sonetos – Camões
Triste fim de Policarpo Quaresma – Lima Barreto
Um teto todo seu – Virginia Woolf
Vestido de noiva – Nelson Rodrigues

Direção editorial
Daniele Cajueiro

Editora responsável
Ana Carla Sousa

Produção editorial
Adriana Torres
Júlia Ribeiro
Laiane Flores
Mariana Oliveira
Luiz Antonio Werneck Maia

Revisão
Nina Soares
Francine Ferreira de Souza

Capa
Sérgio Campante

Diagramação
DTPhoenix Editorial

Este livro foi impresso em 2022
para a Nova Fronteira.

De tudo isso há muito o que falar.
Mais triste história nunca aconteceu
Que esta, de Julieta e seu Romeu.

(*Saem.*)